Perfekt organisiert im KITA-ALLTAG

Rechtlich abgesichert in der Kita

Katia Simon

Infos, Checklisten und Formulare für Elternarbeit und Kita-Praxis

Verlag an der Ruhr

Impressum

Titel
Perfekt organisiert im Kita-Alltag
Rechtlich abgesichert in der Kita
Infos, Checklisten und Formulare für Elternarbeit und Kita-Praxis
– vollständig überarbeitete und aktualisierte Neuauflage

Autorin
Katia Simon

Umschlagmotive
Punktemuster: © Iveta Angelova – stock.adobe.com;
Symbol Checkliste: © Fourdoty – Shutterstock.com
alle anderen © Verlag an der Ruhr

Druck
Athesia Druck GmbH, Bozen, IT

Verlag an der Ruhr
Mülheim an der Ruhr
www.verlagruhr.de

Geeignet für Erzieher*innen, Kita-Leitungen und pädagogische Fachkräfte

ISBN 978-3-8346-6538-6

Inhaltsverzeichnis

Ein paar Worte vorab .5

RECHT

Info für pädagogische Fachkräfte | Aufsichtspflicht .7
* Info für Erziehungsberechtigte | Aufsichtspflicht .8
* Info für Erziehungsberechtigte | Infektionskrankheiten .9
Checkliste | Infektionsschutz .10
* Info für Erziehungsberechtigte | Infektionsschutzgesetz .11
Info für pädagogische Fachkräfte | Medizinische Versorgung .12
* Formular | Medikamentengabe 1 .13
* Formular | Medikamentengabe 2 .14
Info für pädagogische Fachkräfte | Datenschutz .15
* Formular | Datenschutz Grundschule .16
* Formular | Einwilligung Bildaufnahmen .17
Info für pädagogische Fachkräfte | Personensorge und Abholberechtigung .18
* Formular | Abholberechtigung .19
Info für pädagogische Fachkräfte | Beteiligung der Erziehungsberechtigten .20

SICHERHEIT

Checkliste | Außensicherung .21
Info für pädagogische Fachkräfte | Sichere Innenräume .22
Info für pädagogische Fachkräfte | Sichere Schlafumgebung .23
Info für pädagogische Fachkräfte | Sicheres Spielzeug .24
* Info für Erziehungsberechtigte | Unfallprophylaxe .25
Info für pädagogische Fachkräfte | Unfallprävention .26
Info für pädagogische Fachkräfte | Giftpflanzen und giftige Substanzen .27
* Aushang | Verhalten im Notfall .28
Checkliste | Notfallmaßnahmen .29
Checkliste | Erste Hilfe .30
Checkliste | Sicherheit U3 .31
Checkliste | Sicherheit Außenbereich .32

Checkliste | Sicherheit Außenspielbereich 33
Info für pädagogische Fachkräfte | Pflege und Hygiene 34
Info für pädagogische Fachkräfte | Hygieneplan 35
Info für pädagogische Fachkräfte | Kindeswohlgefährdung 37
✱ Info für Erziehungsberechtigte | Sichere Kleidung 38
Info für pädagogische Fachkräfte | Lebensmittel 39
✱ Info für Erziehungsberechtigte | Ernährung 41
Info für pädagogische Fachkräfte | Sonnenschutz 42
✱ Info für Erziehungsberechtigte | Sonnenschutz 43
Info für pädagogische Fachkräfte | Wasser und Feuer 44
Info für pädagogische Fachkräfte | Material und Werkzeug 45
Info für pädagogische Fachkräfte | Brandvorsorge 46
Info für pädagogische Fachkräfte | Brandschutz in der Einrichtung 47
Checkliste | Verhalten im Brandfall 48
Formular | Brandschutzbeauftragte*r 49
Info für pädagogische Fachkräfte | Ausflüge und Sozialraumerkundung 51
Checkliste | Ausflüge 52
✱ Formular für Erziehungsberechtigte | Mitnahme im Pkw 53
Quellen 54
Notizen 55
To-dos 56

Alle elternrelevanten Vorlagen sind hier mit einem ✱ gekennzeichnet. Diese finden Sie im Downloadbereich als PDFs in die vier häufigsten Sprachen übersetzt: **Arabisch, Englisch, Französisch** und **Türkisch**.

https://cloud.verlagruhr.de/login-lerninhalt/PDBof84bau9J

Passwort: **GLN9S4KC**

Wenn Sie die Materialien auf Ihrem mobilen Endgerät (Handy, Tablet) aufrufen möchten, scannen Sie den abgebildeten QR-Code.
Bitte beachten Sie, dass der angegebene Link und der QR-Code ihre Gültigkeit verlieren können. Sollten Sie Schwierigkeiten beim Öffnen der Dateien haben, wenden Sie sich bitte an: digitaleslernen@verlagruhr.de

Liebe Einrichtungsleitungen, liebe Erzieher*innen[1], liebe pädagogische Fachkräfte,

Fragen zu Recht und Sicherheit sind immer sensibel. Hier müssen die Antworten einfach stimmen! Sie arbeiten in einer Kindertageseinrichtung zudem in einem **besonders verantwortungsvollen und herausfordernden Beruf**. Es gibt neben Ihrer täglichen Arbeit direkt mit den Kindern zahlreiche **Regelungen und Gesetze** zu beachten sowie **Sicherheitsvorkehrungen** zu treffen, um Ihren Schützlingen eine sichere Umgebung zu bieten.

Es ergeben sich im Kita-Alltag immer wieder Fragen zu Themen, die **Recht und Sicherheit in der Einrichtung** betreffen: In Gesprächen und Diskussionen mit dem Team und mit Erziehungsberechtigten treten beispielsweise Unklarheiten und Fragen auf, die Sie ad hoc nicht beantworten können.

Verlässliche und kompakte Informationen

Dieses Buch bietet Ihnen verlässliche und kompakte **Informationen zu allen relevanten Rechts- und Sicherheitsthemen** in der Kita. Sie sind **übersichtlich und strukturiert aufbereitet** und zum sofortigen Einsatz bereit. So sparen Sie sich langwierige Recherchen und die Arbeit, die Informationen sachlich richtig und zeitaufwändig so zu formulieren, dass wirklich alle Kolleg*innen und Eltern sie verstehen können.

Die Kombination aus **Elterninformationen, Informationen für pädagogische Fachkräfte, Formularen, Checklisten** und **Aushängen** bietet für (fast) jede Situation das passende Material – ob Sie **Einverständniserklärungen** der Eltern zu **Fotos**, zur **Datenweitergabe** an die Grundschule oder für die Mitnahme des Kindes in einem anderen Pkw benötigen oder sich selbst und die Kolleg*innen über die Grundlagen des **Brandschutzes** oder die **meldepflichtigen Kinderkrankheiten** informieren. Vielleicht ergeben sich auch Fragen, ob Ihre Einrichtung **ausreichend gesichert** ist und in Bezug auf bestimmte Aspekte den **gesetzlichen Vorgaben** entspricht. **Checklisten** mit allen wichtigen Punkten helfen dabei, die Gegebenheiten in Ihrer Einrichtung zu prüfen, gegebenenfalls anzupassen und zu verbessern. **Aushänge**, die das Kita-Team und andere Anwesende in **Notfällen** unterstützen, finden Sie ebenfalls.

[1] Der Verlag an der Ruhr legt großen Wert auf eine geschlechtergerechte und inklusive Sprache. Daher nutzen wir neutrale Formulierungen oder das Gendersternchen, um alle Menschen, unabhängig von Geschlecht oder Geschlechtsidentität, einzuschließen.

Ein paar Worte vorab

Einfach eingesetzt

Nutzen Sie die Seiten dieses Heftes als **Vorlagen**, die Sie für das Team und/oder für die Erziehungsberechtigen einfach kopieren und den entsprechenden Personen geben oder als Information an die Pinnwand oder das Schwarze Brett heften.

Informationen auch für Erziehungsberechtigte mit anderen Erstsprachen

In den Download-Materialien finden Sie auch Unterstützung für Ihre **interkulturelle Arbeit**. Denn auch für eine verlässliche Informationsweitergabe an und für die **Kommunikation mit Erziehungsberechtigten mit einer anderen Erstsprache als Deutsch** ist gesorgt: Alle elternrelevanten Vorlagen (im Inhaltsverzeichnis mit einem ✱ gekennzeichnet) finden Sie als PDFs in **die vier häufigsten Sprachen übersetzt: Englisch, Französisch, Türkisch und Arabisch**. Diese Unterlagen können Sie den DaZ-Eltern beruhigt aushändigen und wissen sie zu den jeweils relevanten Themen sicher informiert. Die mehrsprachigen Elterninfos können Sie den Erziehungsberechtigten in der entsprechenden Sprache direkt mitgeben oder an das **Schwarze Brett** hängen, falls es mehrere Familien mit dieser Erstsprache in Ihrer Einrichtung gibt. Auf diese Weise bieten Sie den **Erziehungsberechtigten aller Kita-Kinder** die wichtigsten Informationen und sorgen für **bestmögliche Transparenz und Aufklärung**. Das schafft eine gute **Grundlage für eine vertrauensvolle Erziehungspartnerschaft**.

Möglichkeiten und Grenzen dieser Vorlagen

Die Auswahl der Themen in diesem Buch beschränkt sich auf die, die für die Zusammenarbeit mit den Eltern **unmittelbare Relevanz** haben. Beachten Sie: Diese Sammlung ist eine Auswahl und erhebt **keinen Anspruch auf absolute Vollständigkeit zu allen Rechts- und Sicherheitsthemen**! Die zur Verfügung gestellten Formulare sind zudem keine verbindlichen Formularvordrucke.

Die Grundlage für alle Themen in diesem Buch sind **Mindeststandards**, die **unabhängig von individuellen Trägervorgaben** erfüllt sein müssen. Möglicherweise hat Ihr Träger zusätzliche Regelungen und weitere Vorgaben, die Sie im Alltag berücksichtigen müssen. Dazu wird er Ihnen das entsprechende Material zur Verfügung stellen. Der passende Ansprechpartner für Rechts- und Sicherheitsthemen ist deshalb grundsätzlich immer der **Träger Ihrer Einrichtung**, der je nach Dringlichkeit und Notwendigkeit der Situation eventuell noch eine **spezialisierte Rechtsanwaltskanzlei** zur Beratung hinzuziehen kann.

Bleiben Sie rechtlich abgesichert!

Aufsichtspflicht – eine Kompaktinformation

Aufsichtspflicht und Kita

- Aufsichtspflicht ist Teil der **elterlichen Sorgeverpflichtung.**
- Mit dem schriftlichen Kita-Vertrag wird diese auf die Einrichtung **übertragen** und wiederum mit dem Arbeitsvertrag auf die pädagogischen Fachkräfte.
- Die **Leitung trägt die organisatorische Verantwortung** für die Aufsichtspflicht: Mitarbeiter*innen auswählen, anweisen, beraten, kontrollieren.
- Ein **Übertragen der Verantwortung** auf Praktikant*innen oder andere Erziehungsberechtigte ist nach Ermessen möglich: Ist die Person eingearbeitet, erfahren, zuverlässig und bereit, Anweisungen zu befolgen? Bei längerfristiger Übertragung ist ein erweitertes polizeiliches Führungszeugnis anzufordern. (vgl. § 72a SGB VIII)
- **Wichtig:** Der **Betreuungsschlüssel** steht **nicht** in Verbindung mit der Aufsichtspflicht. Er hat rein pädagogische und wirtschaftliche Hintergründe.

Beginn und Ende der Aufsichtspflicht

- Wenn Kind **zu früh gebracht** oder **zu spät abgeholt** wird, hat die Einrichtung dennoch die Aufsichtspflicht zu übernehmen. („Erblicken heißt übergeben.“) Rügen und Abmahnungen der Erziehungsberechtigten sind möglich.
- Wenn Erziehungsberechtigte möchten, dass ihr Kind **allein nach Hause** geht, tragen die Erzieher*innen die Verantwortung dafür, das Kind rechtzeitig loszuschicken bzw. es nicht gehen zu lassen, wenn äußere Umstände (z. B. Wetter) oder der Gesundheitszustand des Kindes das nicht empfehlen.
- Nur im **üblichen Betrieb** übernehmen die Erzieher*innen die Aufsichtspflicht. Bei einer Veranstaltung in der Einrichtung, bei der auch die **Erziehungsberechtigten anwesend sind, tragen diese die Aufsichtspflicht selbst**. Die Eltern sollten darauf durch den Kita-Vertrag, einen Aushang oder einen Infobrief hingewiesen werden.

Art und Umfang der Aufsichtspflicht

- Es gibt **keine genaue Definition, wie Aufsichtspflicht auszusehen hat**. Dafür sind Menschen und Situationen zu unterschiedlich. Die Aufsicht muss dem Alter des Kindes und der Situation angemessen sein.
- **Besuchende in der Einrichtung** (ausgenommen Hospitationen und „Schnupperkinder“) **sind nicht unfallversichert**! Wenn ehemalige Kinder oder Geschwister zu Besuch sind, sollten Sie die Kinder im Blick haben und den Besuch kurz halten.
- Besonders sorgsam ist die **Aufsichtspflicht im Außengelände** zu beachten. Die **Spielgeräte** sollten der DIN EN 1176 und 1177 entsprechen und **regelmäßige Sichtkontrollen** obligatorisch sein.

Aufsichtspflicht

Liebe Erziehungsberechtigte,

immer wieder bemerken wir, dass es Unsicherheiten und Unklarheiten über das Thema Aufsichtspflicht für Ihr Kind gibt.

Solange Sie sich in der Einrichtung befinden, haben Sie auch die Aufsichtspflicht über Ihr Kind.

Das bedeutet, dass Sie in der Bring- und Abholphase und auch bei Festen u.Ä. in der Einrichtung selbst die Aufsichtspflicht haben.

Sobald Sie Ihr Kind morgens bei uns abgeben und bis sie es wieder abholen, übertragen Sie uns die Aufsichtspflicht.

Wenn Sie Fragen dazu haben, sprechen Sie uns gern an!

Herzliche Grüße
Ihr Kita-Team

Kinderkrankheiten, meldepflichtige Krankheiten und die Kita-Fähigkeit

Liebe Erziehungsberechtigte,

regelmäßig treten ansteckende **Kinderkrankheiten** (z. B. Hand-Mund-Fuß, Scharlach, COVID-19) in der Einrichtung auf. Sollten Sie Krankheitsanzeichen (z. B. hohes Fieber, starken Husten, Ausschlag) bei Ihrem Kind bemerken, **suchen Sie bitte umgehend die Kinderärztin oder den Kinderarzt auf und melden Sie uns die Erkrankung Ihres Kindes**. Lassen Sie bitte auch regelmäßig den **Impfpass** Ihres Kindes überprüfen.

Wenn Sie Ihr Kind nach einer Erkrankung wieder in die Kita schicken möchten, legen Sie uns bitte eine Unterlage von Kinderärztin oder Kinderarzt vor, die **bescheinigt**, dass das Kind **frei von ansteckenden Krankheiten** ist.
Dies gilt für: **Mumps, Masern, Keuchhusten**, **Windpocken und Scharlach**. (vgl. § 34, IfSG)

Manche Erkrankungen müssen aus Gründen des **Infektionsschutzes an das Gesundheitsamt** gemeldet werden. Zu den **meldepflichtigen Krankheiten** laut Infektionsschutzgesetz zählen u. a. COVID-19, Cholera, Mumps, Poliomyelitis, virusbedingtes hämorrhagisches Fieber, Meningitis, Scharlach, Röteln, Keuchhusten, Masern, Windpocken, Meningokokken, Gastroenteritis (Norovirus) oder mikrobiell bedingte Lebensmittelvergiftung und Kopflausbefall.
(vgl. § 6, IfSG)

Vielen Dank für Ihre Unterstützung! Wir können gemeinsam das Erkrankungsrisiko für alle minimieren.

Herzliche Grüße
Ihr Kita-Team

Infektionen: Hygiene, Prävention und meldepflichtige Infektionskrankheiten

Checkliste Hygiene und Prävention

- [ ] Kennen alle Mitarbeitenden Anzeichen ernster Infektionskrankheiten, deren Übertragungswege und mögliche Schutzmaßnahmen?
- [ ] Finden intern für die Mitarbeitenden Informationsveranstaltungen und Schulungen zum Infektionsschutz statt? Werden diese dokumentiert?
- [ ] Wird neues Personal mit Informationen und Maßnahmen zum Infektionsschutz vertraut gemacht?
- [ ] Gibt es einen Hygieneplan? Werden die Maßnahmen im Hygieneplan befolgt?
- [ ] Gibt es eine*n Hygienebeauftragte*n in der Einrichtung?
- [ ] Ist bekannt, dass Mitarbeitende gegen Hepatitis A und B geimpft werden können?
- [ ] Findet bei gegen Hepatitis geimpften Mitarbeitenden eine Kontrolle des Impfstatus statt, z. B. durch das Gesundheitsamt?
- [ ] Tragen die Mitarbeitenden Einmalhandschuhe bei der Versorgung offener Wunden?
- [ ] Wird ein Verbandsbuch für Kinder und Mitarbeitende geführt?
- [ ] Werden Mitarbeitende bei Verletzungen durch Kinder medizinisch untersucht?
- [ ] Wird berücksichtigt, dass schwangere Mitarbeitende einem besonderen Schutz unterliegen?
- [ ] Sind Wasch- und Toilettenräume mit fließendem Wasser, Einmalhandtüchern, Seifenspendern und Handdesinfektionsmitteln ausgestattet?
- [ ] Sind ausreichend Einmalhandschuhe (latexfrei) in passenden Größen vorhanden?
- [ ] Stehen den Mitarbeitenden Pflegemittel zur Haut- und Handpflege zur Verfügung?

- Haben Mitarbeitende Krankheitsanzeichen, sollten diese umgehend in ihre hausärztliche Praxis gehen und die Erkrankung auch der Einrichtung melden, damit eventuell Maßnahmen eingeleitet werden können.
- Manche Erkrankungen sind meldepflichtig. Das bedeutet, sie müssen gemäß Infektionsschutzgesetz an das Gesundheitsamt gemeldet werden. Dazu zählen: COVID-19, Cholera, Mumps, Diphtherie, Pest, Poliomyelitis, virusbedingtes hämorrhagisches Fieber, Meningitis, Scharlach, Keuchhusten, Typhus, Masern, Windpocken, Meningokokken, Gastroenteritis (Norovirus) und Kopflausbefall.

Schutz vor Infektionen in der Einrichtung

- Infektionskrankheiten können jede*n betreffen und sind **kein Anzeichen für fehlende Hygiene oder Nachlässigkeit**. Bitte seien Sie uns gegenüber offen bei Erkrankungen oder dem bloßen Verdacht darauf.
- Viele Infektionskrankheiten werden durch **Schmierinfektionen, Tröpfcheninfektionen** oder **Haar-, Haut- und Schleimhautkontakte** übertragen. Deshalb ist die Ansteckungsgefahr in der Kita besonders hoch.
- Gehen Sie bei **Krankheitsanzeichen** Ihres Kindes (hohes Fieber, Hautrötungen, auffallende Müdigkeit, Erbrechen, Durchfälle, die länger als einen Tag andauern, starker Husten u. a.) mit Ihrem Kind in die **kinderärztliche Praxis**.
- Kinder mit ansteckenden Infektionskrankheiten dürfen die Einrichtung **nicht besuchen**, um andere Kinder und die Mitarbeitenden nicht anzustecken. **Insbesondere Säuglinge** sind gefährdet für Folgeerkrankungen oder Komplikationen. Das betrifft diese Erkrankungen:
  - **Kopflausbefall**, der noch behandelt wird
  - **Infektiöse Gastroenteritis** (Norovirus) vor vollendetem 6. Lebensjahr
  - **Infektionskrankheiten mit schweren Krankheitsverläufen** in Einzelfällen: Keuchhusten, Masern, Mumps, Scharlach, Windpocken, Hirnhautentzündung durch Hib-Bakterien, Meningokokken-Infektionen, Krätze, ansteckende Borkenflechte, Hepatitis A und bakterielle Ruhr
  - **schwere Infektionen durch geringe Erregermengen** verursacht: Diphtherie, Cholera, Typhus, Tuberkulose, hämorrhagisches Fieber, Pest, Kinderlähmung und Durchfall durch EHEC-Bakterien
- Muss Ihr Kind krankheitsbedingt zu Hause bleiben oder sogar im Krankenhaus behandelt werden, **informieren** Sie uns bitte zeitnah über die Diagnose, damit die Einrichtung zusammen mit dem Gesundheitsamt notwendige Maßnahmen ergreifen kann, um einer **weiteren Verbreitung vorzubeugen**.
- Viele Infektionskrankheiten haben eine **lange Inkubationszeit**. Sollte ein Kind von einer solchen Erkrankung betroffen sein, müssen wir die Erziehungsberechtigten der anderen Kinder anonym darüber informieren, um sie auf eine mögliche Erkrankung vorzubereiten.
- Auch wenn ein **Mitglied Ihres Haushaltes** von einer der Krankheiten betroffen ist, kann Ihr Kind den Erreger schon aufgenommen haben und weiterverbreiten. In diesem Fall darf es ebenfalls nicht in die Einrichtung kommen.
- Nach einer Erkrankung an/Kontakt mit den Erregern der Cholera, Diphtherie, EHEC, Typhus, Paratyphus und Shigellenruhr kann Ihr Kind ein sogenannter **Ausscheider** sein. Es darf dann nur mit Genehmigung und nach Belehrung durch das Gesundheitsamt wieder in die Kita kommen.
- Im Anschluss an folgende Erkrankungen ist der Einrichtung eine **„Gesundschreibung“** von Kinderärztin oder -arzt vorzulegen: Mumps, Masern, Keuchhusten, Windpocken und Scharlach.
- Gegen COVID-19, Diphtherie, Masern, Mumps, Röteln, Kinderlähmung, Typhus und Hepatitis A stehen **Schutzimpfungen** zur Verfügung. **Optimaler Impfschutz schützt die Allgemeinheit!**

Medizinische Versorgung von Kita-Kindern

- **Grundsätzlich ist die Gabe von Medikamenten an anvertraute Kinder nicht geregelt**. Es gibt keine Verpflichtung, den Kindern Medikamente zu verabreichen bzw. es nicht zu tun.
- Fest steht allerdings: **Ohne Genehmigung der Erziehungsberechtigten** dürfen den Kindern **keine Medikamente** verabreicht werden, auch keine homöopathischen oder frei verkäuflichen Präparate. Eine Ausnahme stellen Hausmittel dar, wie Kräutertees.
- **Erste Hilfe bei Verletzungen** darf jedoch geleistet werden.
  - Die Wunde darf auf eine Art versorgt werden, dass sich die Verletzung nicht verschlimmert. Weiter behandeln dürfen Sie die Wunde aber nicht.
  - Im Anschluss benachrichtigen Sie die Erziehungsberechtigten und/oder im Notfall den Rettungsdienst.
  - Die Behandlung muss im Verbandsbuch mit Datum, Namen des Kindes, Art und Ursache der Verletzung, Ort, Zeug*innen und Erste-Hilfe-Behandlung vermerkt werden.
  - In den folgenden drei Tagen muss eine Meldung an die Unfallkasse erfolgen.
- Sollten die Kinder während des Aufenthaltes in der Kita eine Medikation benötigen, muss ein*e Erziehungsberechtigte*r kommen, um das Präparat zu geben. Es sei denn, in der Einrichtung liegt eine ausgefüllte **Medikamentenerklärung** der*des Personensorgeberechtigten über **ärztlich verordnete Medikamente** vor und die Einrichtung ist einverstanden mit der Medikamentengabe.
  - Die Medikamentenerklärung sollte alle sechs Monate aktualisiert bzw. neu ausgestellt werden.
  - Die Erklärung muss über Dosis und Zeitpunkt eindeutig sein.
  - Mindestens zwei Erzieher*innen sollten mit der Medikamentengabe vertraut sein.
  - Das entsprechende Präparat sollte in der Kita für Kinder und Unbefugte nicht zugänglich und vorschriftsmäßig aufbewahrt werden - getrennt von Erste-Hilfe-Materialien.
- Die Unfallkasse (Gesetzliche Unfallversicherung) hält umfangreiche, **weiterführende Informationen** zu dem Thema bereit. (➲ https://www.dguv.de/de/bg-uk-lv/unfallkassen/index.jsp)

Medikamentenerklärung

Das Kind ...., geboren am ....,

ist in Behandlung bei Frau/Herrn Dr. ....,

Adresse/Telefon: ....

wegen ....

Wir bitten/ich bitte, dass unserem/meinem Kind zu den in der Einrichtung möglichen Bedingungen folgende,

ärztlich verordnete Medikamente gegeben werden:

Medikament ➲ Darreichungsform ➲ Dosierung ➲ Uhrzeit/en ➲ besondere Einnahme

....

....

Mögliche Nebenwirkungen: ....

Voraussichtliche Dauer der Behandlung: ....

Notfallmaßnahmen: ....

Hiermit versichere ich/versichern wir, dass die Medikamentierung, wie oben notiert, vom behandelnden Arzt bzw. von der behandelnden Ärztin festgelegt wurde.

Ich verpflichte mich/wir verpflichten uns, die Einrichtung unverzüglich über jede Änderung der Medikamentierung (Präparatwechsel, Beendigung der Medikamentierung, Änderung der Dosierung usw.) zu informieren.

....

Datum Unterschrift/en der*des Personensorgeberechtigten

Entbindung von der Schweigepflicht

Für Gespräche und Rückfragen für Notfallmedikamente und Medikation bei chronischer Erkrankung entbinden wir/entbinde ich hiermit den behandelnden Arzt/die behandelnde Ärztin von der Schweigepflicht.

....

Datum Unterschrift/en der*des Personensorgeberechtigten

Ermächtigung der Personensorgeberechtigten zur Medikamentengabe

Hiermit ermächtigen wir/ermächtige ich ....,
Personensorgeberechtigte/r

den*die Erzieher*in ...., und seine*ihre Vertretung:

den*die Erzieher*in ....,

den*die Erzieher*in ....,

den*die Erzieher*in ....,

der Kindertageseinrichtung ....,
Name und Adresse der Einrichtung

meinem/unserem Kind ....,
Name des Kindes

die genannten Medikamente zu den angegebenen Zeiten zu verabreichen.

....

Ort, Datum Unterschrift/en der*des Personensorgeberechtigten

Datenschutz in der Kita

- Beim Datenschutz geht es darum, die **Persönlichkeitsrechte** des Kindes und seiner Erziehungsberechtigten zu wahren und die **personenbezogenen Daten** zu schützen.
- Die Mitarbeitenden der Kita sind **zu Verschwiegenheit verpflichtet**, auch nach ihrer Dienstzeit.
- **Sozialdaten**, wie z. B. Familien- und Vermögensverhältnisse, Gesundheitszustand etc., werden auch innerhalb der Kita **nur Befugten** weitergegeben, die sie zur Erfüllung ihrer Aufgaben benötigen.
- Für eine **Weitergabe der Sozialdaten** ist eine besondere Genehmigung nötig. Ausnahme: Bei gewichtigen Anhaltspunkten für eine **Kindeswohlgefährdung** dürfen die Daten ans Jugendamt weitergegeben werden, wenn die Gefährdung nicht anders abgewendet werden kann. (vgl. Vereinbarungen gemäß § 8a Abs. 4 SGB VIII)
- **Personenbezogene Daten** dürfen nur erhoben werden, wenn sie für die Arbeit der Kita **erforderlich** sind.
- **Personenbezogene Daten** dürfen nur für den **Zweck** genutzt werden, für den sie erhoben wurden.
- **Sensible Daten**, wie Leistungs- und Verhaltensdaten, müssen besonders geschützt und evtl. zeitnah wieder gelöscht werden.
- Die Eltern haben das Recht, darüber **informiert** zu werden, wofür die **personenbezogenen Daten** genutzt werden.
- Unterlagen mit personenbezogenen Daten müssen in der Kita so aufbewahrt werden, dass sie **vor unbefugtem Zugriff geschützt** sind, idealerweise in abschließbaren Schränken in separaten Räumen. Einige Daten, z. B. von Kindern mit Allergien oder Lebensmittelunverträglichkeiten, sollten dagegen schnell zugänglich sein.
- Die Eltern sollten im Rahmen einer erfolgreichen Erziehungspartnerschaft die Möglichkeit bekommen, **Einsicht in die gespeicherten Daten** der Familie/des Kindes zu bekommen und auch aktiv darauf hingewiesen werden. Sie haben jedoch kein Recht darauf, die persönlichen Notizen der Erzieher*innen einzusehen.
- Der Datenschutz umfasst auch **Fotos und Videos** o.Ä. der Person. Veröffentlichungen im **Internet** müssen jeweils bildbezogen genehmigt werden. Aufnahmen, die nur für den Gebrauch in der Einrichtung verwendet werden, sind mit einem generellen Einverständnis im **Betreuungsvertrag** und im Idealfall in der Konzeption abgedeckt. In diesem Rahmen unterzeichnen die Erziehungsberechtigten auch die Verpflichtung, keine Fotos oder Filme, auf denen auch fremde Kinder zu sehen sind, im Internet zu veröffentlichen oder an Dritte weiterzugeben.
- Eine gelingende **Kooperation von Kita und Grundschule** ist wünschenswert. Daten der Kinder dürfen ohne Namensnennung auch ohne Genehmigung weitergegeben werden.
  Für die Weitergabe personenbezogener Daten ist das **schriftliche Einverständnis** der Erziehungsberechtigten notwendig.

Das muss regelmäßig durch die Leitung geprüft werden

- Datenschutzerklärung Mitarbeitende . . . . . bei der Einstellung
- Schulung der Mitarbeitenden zum Datenschutz . . . . . bei der Einstellung
- abschließbare Schränke für datenschutzrelevante Unterlagen . . . . . einmalig
- datensichere Einrichtung von Computern und Laptops . . . . . einmalig
- Einwilligungserklärung der Erziehungsberechtigten zur Beobachtung und Dokumentation (falls nicht in der Konzeption festgelegt) . . . . . bei Aufnahme des Kindes
- Einwilligungserklärung der Erziehungsberechtigten zu Fotos und Filmen . . . . . bei Aufnahme des Kindes oder aus aktuellem Anlass

Einwilligung in die Weitergabe von Daten an die Grundschule

Es ist sinnvoll, dass sich die Erzieher*innen der Kita und die Lehrkräfte der Grundschule im letzten Kita-Jahr und dem ersten Schuljahr Ihres Kindes intensiv miteinander austauschen.

Sowohl die Kita als auch die Grundschule haben personenbezogene Daten Ihres Kindes und von Ihnen als Erziehungsberechtigten erhoben. Diese dürfen sie untereinander **nur mit Ihrer schriftlichen Einwilligung** austauschen. Dieser Austausch, insbesondere über den Entwicklungsprozess und -fortschritt Ihres Kindes, ist ein wichtiger Aspekt der Zusammenarbeit.

Als Erziehungsberechtigte haben Sie das Recht darauf, in die Sie und Ihr Kind betreffenden Unterlagen der Kita Einsicht zu erhalten und Auskunft zu bekommen.

Hiermit erklären Sie als Personensorgeberechtigte Ihr Einverständnis, dass die Kita mit den Lehrkräften und der Leitung der Grundschule Informationen über die individuelle Entwicklung Ihres Kindes austauschen darf, um den Übergang Ihres Kindes in die Grundschule zu erleichtern.

....

Name des Kindes

....

Name der Grundschule

....

Ort, Datum — Unterschrift/en der*des Personensorgeberechtigten

Einwilligung zu Fotos und anderen Bildaufnahmen in der Kita

Ein wichtiger Teil der täglichen pädagogischen Arbeit der Kita im Rahmen der Konzeption sind die **Beobachtung und die Dokumentation der Bildungs- und Lernprozesse** Ihres Kindes. Dazu gehören **Foto- und Videoaufnahmen** Ihres Kindes und die **Dokumentation** gemeinsamer Aktivitäten. Auch dabei wird der Datenschutz gewahrt.

Hiermit willigen Sie Fotos und anderen Bildaufnahmen Ihres Kindes in der Kita zu diesem Zweck ein.

- Als Erziehungsberechtigte haben Sie jederzeit das **Recht auf Auskunft und Einsicht in die Foto- und Filmaufnahmen**, die von Ihrem Kind gemacht wurden. Einzelaufnahmen Ihres Kindes können Sie löschen lassen.
- Ohne Ihre ausdrückliche Einwilligung dürfen diese internen Aufnahmen **nicht an Dritte weitergegeben werden** und auch **nicht im Internet veröffentlicht** werden.
- Sie wiederum verpflichten sich, Ihnen überlassene **Foto- und Filmaufnahmen anderer Kinder oder sonstiger Personen** (Erziehungsberechtigter, pädagogischer Fachkräfte etc.) ohne deren Einverständnis nicht weiterzugeben oder zu veröffentlichen. Das Recht am Bild bleibt davon unberührt.

....

Ort, Datum — Unterschrift der*des Personensorgeberechtigten

....

Ort, Datum — Unterschrift des Vertreters/der Vertreterin des Trägers

Wer darf für das Kind entscheiden und es abholen?

Elterliche Sorge

- Die **elterliche Sorge** ist in den §§ 1626-1698b des Bürgerlichen Gesetzbuches (BGB) geregelt. Die Personensorgeberechtigten haben das Recht, **Entscheidungen für das minderjährige Kind** zu treffen und seine **Angelegenheiten** zu regeln.
- Die **elterliche Sorge** vertreten die Personensorgeberechtigten **gemeinschaftlich**. Bei **Gefahr im Verzug** ist jede*r Personensorgeberechtigte befugt, allein zum Wohle des Kindes zu handeln.
- Die Personensorgeberechtigten müssen das Kind **gemeinschaftlich in der Einrichtung an- und wieder abmelden**.
- Eine **Kündigung** des Kindes durch den Träger kann von nur einem Personensorgeberechtigten entgegengenommen werden (passive Elternvertretung).
- Die elterliche Sorge betrifft die Sorge für die Person des Kindes **(Personensorge)** mit Pflege und Erziehung, Bestimmung des Aufenthaltes, des Umgangs und des Namens, die Sorge für das Vermögen des Kindes **(Vermögenssorge)** mit Abschluss von Verträgen, Schutz finanzieller Interessen, Verfolgung von Ansprüchen, Abwehr von unberechtigten Ansprüchen sowie die **gesetzliche Vertretung**, wie Leistungen beantragen oder in eine Operation einwilligen.
- Die elterliche Sorge ist unverzichtbar, unentziehbar und nicht übertragbar, kann aber **für gewisse Zeit an Dritte übertragen** werden. Diese Regelung greift bei der Betreuung durch die Einrichtung. Die **Letztverantwortung** verbleibt bei den Personensorgeberechtigten.
- Bei **Trennung und/oder Scheidung** üben die Personensorgeberechtigten gewöhnlich weiter die **gemeinsame Sorge für das Kind** aus. Entscheidungen in **Angelegenheiten des täglichen Lebens** trifft der Elternteil, bei dem sich das Kind gewöhnlich aufhält (Alltagssorge).
- Die Entscheidung über die Betreuung in einer Kindertagesstätte ist eine **Angelegenheit von erheblicher Bedeutung** und muss **von beiden Personensorgeberechtigten getroffen** werden.
- **Neue Partner*innen** können als **erziehungsberechtigt** betrachtet werden, wenn sie mit einem*einer **Sorgeberechtigten** verheiratet sind, in einer eingetragenen Partnerschaft verbunden sind oder in eheähnlicher Gemeinschaft zusammenleben.
- **Pflegepersonen, Heimerzieher*innen** und **gesetzliche Betreuer*innen** eines Kindes sind berechtigt, **Angelegenheiten des täglichen Lebens** für ein Kind zu entscheiden und Personensorgeberechtigte zu vertreten. Sie dürfen auch das aktive und das passive Wahlrecht in der Elternvertretung auszuüben.

Abholberechtigung

- Nur die **Personensorgeberechtigten** dürfen das Kind aus der Einrichtung abholen.
- **Andere Personen**, auch wenn sie der Kita und dem Kind bekannt sind, dürfen das Kind nur mitnehmen, wenn eine **schriftliche Einverständniserklärung der Personensorgeberechtigten** vorliegt. Diese kann jederzeit geändert oder zurückgenommen werden.
- **Mündliche Abholberechtigungen** sind nur in **Ausnahmefällen und mit Zeugen** (z. B. ein*e andere*r Erzieher*in) der Vereinbarung möglich. Dies sollte **schriftlich dokumentiert** werden.

Abholberechtigung

für das Kind: ....

Adresse: ....

Hiermit erklären wir als Personensorgeberechtigte, dass folgende Personen unser Kind aus der Einrichtung

.... abholen dürfen.

Uns ist bekannt, dass das Abholen durch andere als die bevollmächtigten Personen grundsätzlich nicht möglich ist. Die benannten Abholberechtigten müssen mindestens 18 Jahre alt sein. Änderungen der Abholberechtigungen sind der Einrichtung umgehend mitzuteilen.

Abholberechtigt sind:

Name, Vorname	Telefonnummer	einmalige Berechtigung	Datum
		☐	
		☐	
		☐	
		☐	
		☐	
		☐	
		☐	
		☐	

....

Ort, Datum Unterschrift/endes*der Personensorgeberechtigten

Die Zusammenarbeit mit den Erziehungsberechtigten

- Im Sozialgesetzbuch Achtes Buch (SGB VIII) in § 1 ist festgelegt, dass die Arbeit in der Kindertageseinrichtung die **Bildung und Erziehung in der Familie ergänzen und unterstützen** soll. Das umfasst auch die **Zusammenarbeit von Erzieher*innen und Erziehungsberechtigten zum Wohl der Kinder** und um die Kontinuität des Erziehungsprozesses zu sichern.
- Es ist explizit festgelegt, dass die **Erziehungsberechtigten an den Entscheidungen in wesentlichen Angelegenheiten der Erziehung, Bildung und Betreuung** zu beteiligen sind.
- Bestimmungen über die **Bildung von Elternvertretungen**, wie Elternausschüsse oder -beiräte, sind in den Kita-Gesetzen der einzelnen Bundesländer zu finden. Die Bestimmungensind meist verpflichtend für die Einrichtungen und haben Informations-, Anhörungs- und Beratungsrechte.
- Die **Bildungs- und Erziehungspartnerschaft** zwischen Erzieher*innen und Erziehungsberechtigten ist für das **Wohl des Kindes** unerlässlich.
- Wichtig ist, dass die jeweiligen Kompetenzen wechselseitig anerkannt werden. **Dabei geht es um tatsächliche Beteiligung und nicht nur um Informationsaustausch**.
- Die Erziehungsberechtigten sollten **verstärkt integriert werden** in die Arbeit der Kita. So sollten Sie etwa mit Informationen über das Sicherheitskonzept der Einrichtung versorgt werden. Befragungen bzw. **Meinungsabfragen zu bestimmten Themen**, wie dem Kita-Tagesablauf, der Qualität der pädagogischen Arbeit oder der Einschätzung des Sicherheitskonzepts, helfen dabei und ermöglichen die **Einbeziehung der Wünsche, Ideen und Anregungen** der Erziehungsberechtigten in die Entscheidungen.
- Folgendes sollte selbstverständlich sein, um die **Elternarbeit praktisch zu gestalten**:
  - Elternbriefe
  - Tür-und-Angel-Gespräche
  - Entwicklungsgespräche
  - Elternabende
  - Bastelnachmittage/Familien-Nachmittage
  - gemeinsame Ausflüge
  - Feste und Feiern
  - ausgelegte Informationen/Broschüren zu bestimmten Themen
- Die Erziehungsberechtigten können um **Mitarbeit und Unterstützung** gebeten werden, etwa für Feste, Ausflüge oder Renovierungen. Verpflichtend ist diese Hilfe aber nicht.

Sicherung der Einrichtung nach außen

Die Sicherung der Kita nach außen ist ein wichtiges Thema, bei dem es zum einen darum geht, die Einrichtung vor **unbefugten Eindringlingen** zu schützen, und zum anderen darum, zu verhindern, dass die Kinder das Gebäude und/oder das Gelände **einfach so verlassen** und auf die Straße laufen können.

Folgende Fragen helfen dabei, die **Sicherung der Kita nach außen zu überprüfen**:[1]

- ☐ Sind **Aus- und Zugänge** so gestaltet, dass Kinder nicht gefährdet werden?
- ☐ Sind **Türen und Tore**, die direkt in den öffentlichen Verkehrsraum führen, so gesichert, dass Kinder nicht unerlaubt die Einrichtung verlassen können, z. B. durch Türklinken außerhalb der Reichweite von Kindern?
- ☐ Sind die Türen und Tore nach außen **außerhalb der Bring- und Abholphasen** komplett verschlossen?
- ☐ Sind Aufenthaltsbereiche auf dem Außengelände gegen **unerlaubtes Verlassen und Betreten** gesichert?
- ☐ Sind **Einfriedungen** mindestens 1 m hoch und verleiten nicht zum Klettern?
- ☐ Ist die Einfriedung **frei von spitzen und scharfen Kanten**, wie z. B. Stacheldraht oder spitz zulaufenden Enden?
- ☐ Ist der Zaun intakt und **frei von Beschädigungen**, sodass keine Lücke vorhanden ist?
- ☐ Ist die Einfriedung/der Zaun **blickdicht**, damit niemand von außen Kontakt zu den Kita-Kindern aufnehmen kann? Dies gilt besonders für Bereiche, die für die pädagogischen Fachkräfte nicht immer einsehbar sind.
- ☐ Ist die Eingangstür zur Einrichtung so **gesichert**, dass ein Kind sie von innen allein nicht öffnen kann, z. B. durch eine weit oben angebrachte Klinke oder einen Riegel?
- ☐ Sind Brandschutzaspekte bei den Tür- und Torkonstruktionen berücksichtigt worden? Gibt es beispielsweise Nothebel, die die Tür/das Tor im Brandfall öffnen und sofort einen Alarm auslösen, falls sie unbemerkt geöffnet werden?
- ☐ Ist der **Haupteingang** verschlossen und eine Klingel installiert, sodass immer jemand von der Einrichtung die Tür öffnet und den*die Besucher*in zur betreffenden Gruppe führt?
- ☐ Halten die Erzieher*innen morgens auf einer **Anwesenheitsliste** fest, welche Kinder gebracht werden? Und tragen sie diese bei Abholung auch wieder aus?
- ☐ Werden die **Abholberechtigungen** überprüft?

[1] Vgl. DGUV Regel 102–602

Ist die Ausstattung der Kita-Räume sicher?

- Ist die **Ausstattung** für den jeweiligen Zweck sicher gestaltet, befestigt und aufgestellt?
- Ist die **Ausstattung** für Kinder **ergonomisch**?
- Sind die Möbel für Krippenkinder so **beschaffen und befestigt**, dass sie keine Gefahr darstellen?
- Werden **Verletzungsgefahren** durch scharfe Kanten und Ecken, raue Oberflächen und vorstehende Teile ausgeschlossen?
- Sind **bewegliche Teile der Ausstattung** ohne Gefahr durch Scherstellen gestaltet?
- Werden **Quetschgefahren** für Kinder, insbesondere Krippenkinder, vermieden?
- Sind **erhöhte Spielebenen** sicher gestaltet? (Absturzgefahr, Fangstellen, Anstoßgefahr, Behinderung von Erste-Hilfe- und Evakuierungsmaßnahmen)
- Sind **erhöhte Spielebenen** so gestaltet, dass unbeabsichtigtes **Herunterfallen von Gegenständen** verhindert wird?
- Können Kinder auf **erhöhten Spielebenen** trotz Absturzsicherung **gesehen** werden?
- Sind Türen so installiert, dass Kinder durch **aufschlagende Türflügel** nicht gefährdet sind?
- Sind **Türen** leicht zu **öffnen** und zu **schließen**?
- Sind **Türen** gegen **Verletzungsgefahren** gesichert? (Scherstellen, Ausheben usw.)
- Sind **Griffe, Hebel und Schlösser** so beschaffen, dass Gefahren verhindert sind?
- Haben **Fußböden rutschhemmende** Eigenschaften?
- Sind **Verglasungen** vom Fußboden bis zu einer Höhe von 1,50 m aus **Sicherheitsglas**?
- Sind alle **Steckdosen** mit **Kindersicherungen** versehen?
- Haben **Treppen** auf beiden Seiten **Handläufe**?
- Sind **Ecken und Kanten** an Bauteilen und Einrichtungsgegenständen mindestens 2 mm **gerundet**?
- Sind **Füße und Streben** von Möbeln, Stellwänden o. Ä. **ohne Stolpergefahren** gestaltet?
- Haben **rollbare Einrichtungen** eine Feststellfunktion?
- Sind **Schubladen** gegen Herausfallen gesichert?
- Sind **Schränke, Regale, Raumteiler** o. Ä. **kippsicher** installiert und aufgestellt?
- Beachten Sie auch die **Unfallverhütungsvorschriften** der Gesetzlichen Unfallversicherung. (➲ https://www.dguv.de/de/bg-uk-lv/unfallkassen/index.jsp)

Das sollte regelmäßig durch die Leitung bzw. Fachfirmen geprüft werden

- ortsfeste elektrische Anlagen und Betriebsmittel .... alle vier Jahre durch Fachfirma
- ortsveränderliche elektrische Anlagen und Betriebsmittel ...... alle ein bis zwei Jahre durch Fachfirma
- Messgeräte durch Eichamt .... siehe Eichplakette
- Trinkwasserprüfung/Legionellen .... jährlich durch Fachfirma
- Trinkwasser/Rückspülfilter............................. nach Herstellerangaben durch Fachfirma
- Fahrstuhl.. alle zwei Jahre durch Fachfirma
- Speiseaufzug .... alle vier Jahre durch Fachfirma

Sicher schlafen in der Kita

Der Raum

- Schlaf- und Ruheräume sollten in der Einrichtung als **Rückzugsorte** vorhanden sein.
- Kinder brauchen einen **verlässlichen, immer gleichen Ort**, an dem sie **geborgen schlafen** können, sowie Schlafrituale.
- **Bodenbeläge** sollten rutschhemmend und leicht zu reinigen sein.
- Wände sollten in zurückhaltenden Farben gestrichen werden, um Reizüberflutung zu vermeiden. **Warme Farbtöne** erhöhen das Wohlbefinden.
- Der Raum sollte **frei von Zugluft und abdunkelbar** sein.
- Zwischen den Schlafplätzen muss genügend Raum für **Bewegungsfreiheit** bestehen.
- **Beleuchtung** soll vorhanden sein. Im zum Schlaf **abgedunkelten** Raum sollte gewährleistet sein, dass die pädagogischen Fachkräfte jederzeit eine Übersicht haben.

Der Schlafplatz

- Die Betten müssen so gesichert sein, dass ein **Herausfallen unmöglich** ist, z. B. Gitterbetten oder flache Körbe bzw. Matten.
- Bei **Gitterbetten** muss die Öffnungsweite der Gitterstäbe nach DIN EN 716-1 zwischen 4,5 cm und 6,5 cm betragen, damit **keine Fangstellen** entstehen.
- Um das **Risiko des plötzlichen Kindstods** im ersten Lebensjahr zu vermindern, wird empfohlen:
  - Schlaf in Rückenlage
  - Schlafsäcke statt Bettdecken einsetzen
  - keine Kopfkissen verwenden
  - nicht zu weiche Matratzen
  - Bänder, Schnüre oder Kabel hängen nicht in Reichweite der Kinder
- Beachten Sie auch die Unfallverhütungsvorschriften und die Publikationen der Gesetzlichen Unfallversicherung.

Aufsicht

- Während der allgemeinen Schlaf- und Ruhephase sollte eine **pädagogische Fachkraft im Schlafraum anwesend** sein. Zur Beaufsichtigung kann auch ein **geeignetes technisches Hilfsmittel** (Babyphone) eingesetzt werden und/oder die pädagogische Fachkraft schaut in regelmäßigen Abständen nach den schlafenden Kindern.

➲ https://www.dguv.de/de/bg-uk-lv/unfallkassen/index.jsp

Giftfalle Kinderspielzeug!

- Vor allem Spielzeuge aus Kunststoffen werden oft in **Fernost** günstig gefertigt und bringen nicht nur Spielspaß, sondern auch **giftige Inhalte** mit. Deshalb ist es besonders wichtig, Prüfsiegel zu kennen und zu berücksichtigen, um die Kinder zu schützen.
- Grundsätzlich ist immer zu empfehlen, am Spielzeug zu riechen. Dünstet es **starke Gerüche** aus, sollte es in jedem Fall nicht in Kinderhände geraten.
- **Verändert ein Spielzeug seinen Geruch oder sein Aussehen**, blättert beispielsweise Farbe ab, sollten Sie das Spielzeug aussortieren.
- Besonders weiche Kunststoffe enthalten häufig **Phtalate**, die eine stark gesundheitsschädigende Wirkung vor allem auf das Hormonsystem haben und z. B. Zeugungsunfähigkeit verursachen können.
- Vorsicht bei **Spielzeug aus Nicht-EU-Ländern**. In diesen Produkten sind überproportional oft Schadstoffe enthalten und sie müssen nicht den deutschen Sicherheitsstandards entsprechen. Dieses Spielzeug sollte weder in der Kita noch im Kinderzimmer einen Platz bekommen.
- Besonders **aufblasbare PVC-Produkte** sind belastet. Verzichten Sie darauf.
- Zu bevorzugen sind Spielzeuge aus **100 % Kautschuk**.
- Auch **Holzspielzeug** kann Schadstoffe enthalten: Es enthält z. B. Flammschutzmittel, polyzyklische aromatische Kohlenwasserstoffe und Nickel. Bunte Lacke können Giftstoffe aufweisen, die sich im Kontakt mit Speichel lösen. Unlackiertes Holzspielzeug oder explizit mit ökologischen Farben behandeltes ist die bessere Wahl.

Empfehlenswerte Prüfsiegel:

- **Spiel gut-Siegel**, Auszeichnung für gutes und pädagogisch wertvolles Kinderspielzeug
- **TÜV Proof-Siegel** des TÜV Rheinland für grundsätzliche Sicherheitsanforderungen der EU-Spielzeugrichtlinien
- **TÜV/LGA-Prüfzeichen „Ausgezeichneter Spielwert"** für Sicherheit und Funktionalität sowie pädagogische und entwicklungspsychologische Aspekte
- **VDE-Siegel** für elektronisches Spielzeug
- **GS-Siegel**, das geprüfte Sicherheit garantiert

Ergebnisse der **Stiftung Warentest**: Sie prüft ebenfalls auf Schadstoffe und Sicherheitsgefährdungen. **Eine CE-Kennzeichnung besagt, dass ein*e Hersteller*in** alle EU-Richtlinien berücksichtigt hat. Es handelt sich nicht um ein Prüfsiegel. Das Spielzeug wurde also nicht von einer unabhängigen Stelle auf die Einhaltung der EU-Richtlinien geprüft.

Unfallverhütung in der Kita

- Kinder sind grundsätzlich unfallgefährdeter als Erwachsene, weil ihnen noch die Erfahrung und das Wissen fehlen. Am häufigsten sind diese **Unfallarten**:
  - Stürze
  - Zusammenstöße
  - Schnittverletzungen und Quetschungen
  - Verbrennungen und Verbrühungen
  - Ersticken
- Die Kita-Mitarbeitenden sind deshalb um Unfallverhütung durch eine **sichere Umgebung** (passive Sicherheit) und durch **Sicherheitserziehung** (aktive Sicherheit) bemüht.
- Die **Kita-Räume** entsprechen den **Sicherheitsanforderungen** in Bezug auf baulichen Zustand, Innenraumgestaltung, Außengelände, Spielgeräte, Spielzeug und Mobiliar, z. B. Spielzeug mit Prüfsiegel, Kantenschutz, an den Wänden befestigte Möbelstücke.
  Dies ist durch Gesetzgebung, Vorschriften der Gesetzlichen Unfallversicherung und technische Regelungen festgelegt.
- Die **Sicherheitserziehung** in der Kita geschieht im Alltag. Sie umfasst:
  - **Sachkompetenz** – Gefahren erkennen und wissen, wie man damit umgeht sowie Erste Hilfe kennen, also z. B. das scharfe Messer, mit dem man sich schneiden kann, oder das Laufrad, das mitten im Weg liegt und lieber weggeräumt werden sollte, bevor jemand darüber fällt
  - **Selbstkompetenz** – die Sinnes- und Selbstwahrnehmung trainieren, Grob- und Feinmotorik fördern, das Reaktionsvermögen stärken, z. B. durch Bewegungsspiele und Sport
  - **Sozialkompetenz** - dem Kind beibringen, Regeln einzuhalten, Verantwortung zu übernehmen, andere Kinder zu unterstützen

Versicherungsschutz in der Kita

Die Gesetzliche Unfallversicherung deckt Unfälle der Kinder in der Kita ab. Wird nach einem Unfall ärztliche Hilfe nötig, wird, wenn möglich, ein*e Unfallmediziner*in (Durchgangsarzt/Durchgangsärztin) eingeschaltet. Die Leitung der Einrichtung meldet dies an die entsprechende Unfallversicherung, die die Kosten für die Heilbehandlung und Folgekosten trägt.[2]

[2] Vgl. Deutsche Gesetzliche Unfallversicherung: Kinder in der Tageseinrichtung und Tagespflege

Sicherer Alltag in der Kita

- Die häufigsten Unfallursachen bei Kindern sind Stürze, Zusammenstöße, Schnittverletzungen und Quetschungen, Verbrennungen und Verbrühungen sowie Ersticken.[3]
- Folgendermaßen kann die Unfallprävention in der Kita unterstützt werden:
  - erzieherische Maßnahmen zur Unfallverhütung, z. B. verbieten, erklären, informieren und üben
  - technische Sicherheit erhöhen, z. B. durch sichere Produkte, Sicherheitsartikel oder Schutzausrüstungen
  - gesetzliche Maßnahmen zur Unfallprävention, Normen und Vorschriften einhalten

So gelingt Sicherheitserziehung:

- den Entwicklungsstand und die individuelle Persönlichkeit der Kinder berücksichtigen
- das Selbstbewusstsein der Kinder fördern, statt Angst zu erzeugen
- die Kinder altersentsprechend beteiligen, statt Situationen zu vermeiden, z. B. Werkzeuggebrauch
- die Kinder den Umgang mit Gefahren lernen lassen, statt übertriebene Verbote auszusprechen
- die Kinder dazu anhalten, Schutzausrüstung zu tragen, z. B. einen Helm
- Den Kindern Regeln und Gefahren erklären und sie anregen, Verantwortung zu übernehmen
- die Kinder in technische und organisatorische Maßnahmen einbinden, z. B. Regeln erklären
- die Kinder durch attraktive Angebote spielerisch heranführen
- die Eltern einbeziehen

Gute Voraussetzungen für die Unfallvermeidung

- durchdachte Organisation der alltäglichen Abläufe
- gute Koordination und Kooperation des Teams
- gesundheitsförderndes Betriebsklima für die pädagogischen Fachkräfte

Schlechte Voraussetzungen für die Unfallvermeidung

- sehr große Gruppen
- knappe personelle Ressourcen
- hohe körperliche und psychische Belastung der pädagogischen Fachkräfte

[3] Vgl. Abel 2003

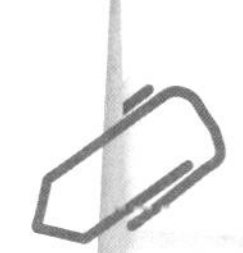

Giftige Pflanzen und Substanzen in der Kita

- Kinder **unter drei** Jahren sind **besonders gefährdet**, weil sie Verbote noch nicht befolgen können.
- Kinder **über drei** Jahren **experimentieren gern** und Verbote können zusätzlich reizen.

Giftige Pflanzen

- Die **Begrünung im Außenbereich** der Kita sollte anhand entsprechender Literatur oder durch Pflanzenexpert*innen, z. B. Garten- und Landschaftsgärtner*in, Biologe/Biologin o. Ä., gründlich auf giftige Pflanzen geprüft werden.
- Kinder evtl. als „Pflanzenpolizei" für **weniger giftige Pflanzen einbinden**
- giftige Pflanzen **mit den Wurzeln** entfernen und entsorgen - sie gehören **nicht** auf den Komposthaufen
- **Unkraut** regelmäßig entfernen
- Bepflanzung auf einige **wenige Pflanzen** beschränken, die eindeutig zu identifizieren sind
- keine Pflanzen mit **Dornen oder Stacheln** im Kita-Außenbereich belassen
- Pilze entfernen - bei **Giftpilzen** muss der gesamte Garten gerodet werden

Regeln für Kinder

- Die Kinder dürfen im Außenbereich nichts essen, auch keine Kräuter, Obst oder Gemüse. Dieses muss erst gewaschen werden. Es besteht Gefahr durch den Fuchsbandwurm.
  Rohe Kartoffeln und unreife Tomaten sind giftig.
- Die Kinder müssen bei der Gartenarbeit Handschuhe tragen, um eventuellen Kontakt zu giftigen Pflanzen zu vermeiden.

Sonstige giftige Substanzen

- **Putzmittel, Reiniger, Farben, Lacke, Klebstoffe, Entkalker, Desinfektionsmittel** und andere giftige Substanzen sind immer und ausschließlich in **abgeschlossenen Schränken** zu lagern.
- Reinigungsmittel und Co. sind nur in den **Originalbehältern** aufzubewahren und nicht umzufüllen, z. B. in Wasserflaschen.
- Bei **unbekannten Stoffen und Substanzen** sind immer das Etikett und beiliegende Hinweise vor der Benutzung aufmerksam durchzulesen.
- **Gefahrsymbole** weisen auf besonders gefährliche Stoffe hin.
- **Gefahrstoffe** sind nicht zusammen mit **harmlosen Substanzen** aufzubewahren.

Im Notfall

1. **Ruhe bewahren!**

2. **Für Eigenschutz sorgen!**

3. **Notfall melden!**
   Feueralarm auslösen, zusätzlich anrufen:
   Feuerwehr: 112
   Polizei: 110
   Weitere Notrufnummern (z. B. Giftzentrale) sind in Telefonnähe verfügbar

   Am Telefon folgende Reihenfolge einhalten:
   - Wer spricht?
   - Wo ist es passiert?
   - Was ist passiert?
   - Wie viele Verletzte? (falls bekannt)
   - Welche Art von Verletzungen?
   - Rückfragen beantworten

4. **Personen in Sicherheit bringen!**
   - Kinder durch Notausgänge zu Sammelplätzen bringen
   - gefährdeten und hilflosen Personen helfen
   - gekennzeichneten Fluchtwegen folgen
   - keine Aufzüge benutzen
   - auf Vollzähligkeit überprüfen

5. **Sofortmaßnahmen ergreifen!**
   - Gefahrenstelle sichern
   - Erste Hilfe leisten
   - Gefahr bekämpfen
   - Anweisungen von Rettungshelfer*innen beachten

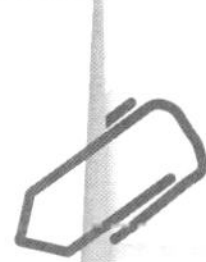

Vorbereitungen für Notfälle

Folgende Dinge sollten regelmäßig in der Einrichtung überprüft werden:

- [ ] Ist ein **Notruftelefon** jederzeit zugänglich?
- [ ] Sind alle **Notnummern** (Feuerwehr, Polizei, Arztpraxen, Krankenhaus, Giftzentrale, Taxizentrale) in Telefonnähe verfügbar?
- [ ] Ist eine **Anleitung zur Ersten Hilfe** ausgehängt?
- [ ] Ist mindestens ein **Verbandskasten an zentraler Stelle** in der Einrichtung zugänglich?
- [ ] Sind die **Verbandskästen** so hinterlegt, dass sie von ständigen Arbeitsplätzen in höchstens hundert Metern oder einer Geschosshöhe entfernt liegen?
- [ ] Sind alle **Aufbewahrungsstellen für Erste-Hilfe-Ausstattung** als solche gekennzeichnet?
- [ ] Ist das **Erste-Hilfe-Material** jederzeit und offen zugänglich?
- [ ] Ist das Erste-Hilfe-Material in **geeigneten Behältern** und **geschützt gegen Einflüsse** von außen?
- [ ] Werden **Erste-Hilfe-Einrichtungen regelmäßig kontrolliert** und dies dokumentiert?
- [ ] Wird das **Verfallsdatum** des **Verbandsmaterials** regelmäßig geprüft und es ggf. ausgetauscht?
- [ ] Wird entnommenes Material ersetzt?
- [ ] Werden keine **Arzneimittel**, **Salben** und **Kältesprays** bei Erste-Hilfe-Material aufbewahrt?
- [ ] Wird ein **Verbandbuch** über alle leichten Verletzungen aller Personen geführt und mindestens fünf Jahre lang aufbewahrt?
- [ ] Werden bei ärztlicher Behandlung **Unfallanzeigen** erstellt und zentral gesammelt?
- [ ] Wird bei Ausflügen, Wanderungen, Exkursionen oder Sportveranstaltungen **Erste-Hilfe-Material** mitgenommen?
- [ ] Sind in Räumen, in denen besondere Gesundheitsgefährdungen bestehen, zusätzlich zum Erste-Hilfe-Material entsprechende Rettungsgeräte (Löschdecken, Rettungsringe etc.) vorhanden?
- [ ] Ist ein zentraler, ebenerdiger **Sanitätsraum mit Liege** oder einer Krankentrage mit Handwaschbecken mit warmem und kaltem Wasser, Seifenspender, Handdesinfektionsmittel, Einmalhandschuhen sowie Einmalhandtüchern und einem Verbandskasten nach DIN 13157 C vorhanden?
- [ ] Gibt es genügend **ausgebildete Ersthelfer*innen** in der Einrichtung?
- [ ] Gibt es alle zwei Jahre eine **Fortbildung aller Pädagog*innen** durch befugte Institutionen?
- [ ] Wird in der Einrichtung eine leicht zugängliche **Liste über den Ausbildungsstand** aller beschäftigten Personen in Erster Hilfe geführt?
- [ ] Kennen alle die **Fluchtwege** im Gebäude?
- [ ] Sind **Flucht- und Rettungswege** frei von Behinderungen?
- [ ] Bei **versehentlichem Auslösen des Feueralarms** sind keine Konsequenzen zu befürchten.
- [ ] Bei **absichtlichem Auslösen des Feueralarms** sind die Kosten für den Einsatz zu übernehmen, eventuell erfolgt eine Anzeige.

Erste Hilfe leisten

- **Ruhe bewahren!**
- **Auf die eigene Sicherheit achten!**
- **Einen Notruf absetze**n! – Feueralarm und zusätzlich Feuerwehr: 112/Polizei: 110

Erste Hilfe leisten

- ☐ die verletzte Person aus dem Gefahrenbereich retten; Eigengefährdung beachten (Atemschutz, Einmalhandschuhe o. Ä.)
- ☐ Kleiderbrände löschen (mit Wasser, Decke oder Rollen am Boden)
- ☐ bei Verbrennungen Kaltwasseranwendungen – nur an den betroffenen Stellen!, Brandwunden keimfrei abdecken
- ☐ bei Kontamination mit Chemikalien die Kleidung entfernen und die Haut abwaschen
- ☐ Bewusstseinslage prüfen (Ansprache, Berührung), Atmung prüfen (Atembewegung, Atemstoß), Kreislauf prüfen (Puls, Hautfarbe)
- ☐ Ist der*die Patient*in bei Bewusstsein, evtl. durch Anheben der Beine in Schocklage bringen
- ☐ die verletzte Person bei Bewusstlosigkeit und Spontanatmung in die stabile Seitenlage bringen
- ☐ bei nicht vorhandener Atmung Atemwege freimachen und -halten, Mund-zu-Nase-Beatmung durchführen
- ☐ bei Atem- oder Kreislaufstillstand Wiederbelebungsmaßnahmen ergreifen
- ☐ Informationen für den Arzt/die Ärztin bereithalten, z. B. Erbrochenes und Chemikalien

Unfälle dokumentieren

- Bei Unfällen, bei denen ärztliche Behandlung nötig ist, muss innerhalb von drei Tagen mit entsprechendem Vordruck eine Unfallanzeige an den Unfallversicherungsträger erfolgen. Hier gibt es länderspezifische Vorgaben.

- Andere Unfälle müssen ebenfalls festgehalten werden, z. B. in einem Verbandbuch oder einer digitalen Tabelle. So kann die Dokumentation bei Spätfolgen herangezogen werden und es kann nachgewiesen werden, dass die Mitarbeitenden ihrer Ersthelferpflicht nachgekommen sind. Die Unterlagen müssen fünf Jahre aufbewahrt werden.

Das muss regelmäßig von der Leitung geprüft werden

- Verbandskasten/Notfallausrüstung auf Vollständigkeit . . regelmäßig, z. B. halbjährlich
- Medikamente/Notfallmedikamente auf Verfalldatum . . . regelmäßig, z. B. halbjährlich
- Übersicht über Erste-Hilfe-Maßnahmen hängt aus . . . . . regelmäßig, z. B. halbjährlich
- Notrufeinrichtung ist vorhanden. regelmäßig, z. B. halbjährlich
- ein*e Ersthelfer*in pro Gruppe, Grundausbildung „Erste Hilfe am Kind", anschließend regelmäßiger Trainingskurs . . . . alle zwei Jahre

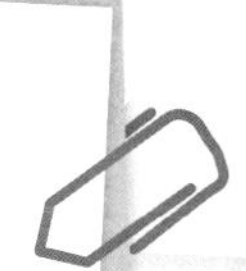

Ist die Einrichtung sicher für Kinder unter drei Jahren?

Für Kinder unter drei Jahren ist die sogenannte „passive Sicherheit" durch eine sichere Umgebung besonders wichtig. Für eine sichere Umgebung für Kinder unter drei Jahren sollten folgende Punkte erfüllt sein:

Innenräume

- ☐ Sind die Möbel sind stabil und sicher befestigt?
- ☐ Sind Schranktüren und Schubladen im Gruppenraum entweder abgeschlossen oder gegen Einklemmen der Finger gesichert?
- ☐ Gibt es keine scharfen Kanten oder Ecken an den Möbeln?
- ☐ Sind die Fenster gegen Herausfallen gesichert? Im Idealfall reichen sie bis zum Boden, um Herausschauen zu ermöglichen, ohne auf ein Möbelstück o. Ä. zu klettern.
- ☐ Sind erhöhte Spielebenen gegen Absturzgefahr gesichert?
- ☐ Sind die Steckdosen gesichert und gibt es keine lose hängenden Kabel?
- ☐ Entspricht das Spielzeug im Aufenthaltsbereich von Krippenkindern ihrem Entwicklungsstand, z. B. keine verschluckbaren Kleinteile?
- ☐ Befinden sich Werkzeuge und spitze Gegenstände außerhalb der Reichweite der Kinder?
- ☐ Befinden sich Reinigungsmittel, Dünger etc. in einem verschließbaren Schrank bzw. außerhalb der Reichweite der Kinder?

Außenbereiche

- ☐ Ist berücksichtigt, dass sich U3-Kinder im Außenbereich nur unter Aufsicht aufhalten dürfen?
- ☐ Ist das Gelände nach außen sicher abgegrenzt? Hat der Zaun keine spitzen Kanten oder Spitzen und verleitet nicht zum Klettern?
- ☐ Sind alle Spielflächen einsehbar?
- ☐ Stehen alle Spielgeräte auf weichem Boden?
- ☐ Tragen die Spielgeräte das GS-Siegel?
- ☐ Sind Schaukelbereiche nicht frei zugänglich?
- ☐ Sind an Spielgeräten von der untersten Stufe an Handläufe vorhanden?
- ☐ Sind an Geräten und Rampen, die höher als 60 cm sind, Brüstungen vorhanden?
- ☐ Betragen die Abstände bei senkrechten Zwischenstäben bei Umwehrungen max. 8–9 cm?
- ☐ Wird das Außengelände jährlich von einer sachkundigen Person nach Fangstellen für Kopf und Hals, Körper, Fuß und Bein, Finger sowie Kleidung überprüft?
- ☐ Gibt es keine Gewässer oder offenen Regentonnen auf dem Außengelände?
- ☐ Sind bei naturnaher Gestaltung Einrichtungen und Pflanzen in die Sicherheitsvorsorge einbezogen? Wird auf giftige Pflanzen verzichtet?

Sichere Außenräume der Einrichtung

- [ ] Sind Einfriedungen so gestaltet, dass Verletzungsgefahren vermieden werden?
- [ ] Gibt es besondere Rutschgefahr in (Eingangs-)Bereichen durch Nässe oder Schnee?
- [ ] Sind an allen stolper- oder rutschgefährlichen Stellen Handläufe?
- [ ] Haben Bodenbeläge von Aufenthaltsbereichen im Freien rutschhemmende Eigenschaften bei Nässe und werden Verletzungen bei Stürzen vermieden?
- [ ] Sind Wasseranlagen so gestaltet, dass ein Hineinfallen vermieden wird, z. B. durch Zäune oder Begrenzungen?
- [ ] Sind Regentonnen – falls vorhanden – mit einem Deckel gesichert?
- [ ] Haben Hänge wegen möglicher Absturzgefahren ein Neigungsverhältnis von 1 : 2?
- [ ] Befinden sich im Außenbereich keine verletzungs- oder gesundheitsgefährdenden Pflanzen, z. B. Pfaffenhütchen, Seidelbast, Stechpalme, Goldregen oder Dornen?
- [ ] Ist ein ausreichender Schutz vor Sonneneinstrahlung vorhanden?
- [ ] Werden Spielplatzgeräte und naturnahe Spielelemente regelmäßig geprüft und gewartet?
- [ ] Sind die Flächen zum Spielen so ausgerichtet, dass keine Gefährdungen entstehen?
- [ ] Betragen die Abstände bei senkrechten Zwischenstäben bei Umwehrungen max. 12 cm und bei Krippenkindern max. 8–9 cm?
- [ ] Sind Abfallbehälter und andere Behälter, die ein Verletzungs- oder Gesundheitsrisiko darstellen, dem Zugriff entzogen?
- [ ] Wird das Außengelände jährlich von einer sachkundigen Person nach Fangstellen für Kopf und Hals, Körper, Fuß und Bein, Finger sowie Kleidung überprüft?

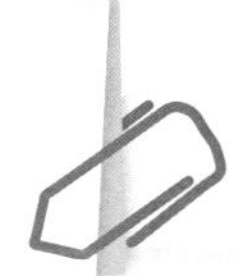

Sicherheit in Außenspielbereichen und an Spielgeräten

Allgemein

- [ ] Sind alle Objekte, die zum Klettern und sonstigen Spielen genutzt werden können, sicher gestaltet und aufgestellt?
- [ ] Ist der Boden im Fallraum von Spielplatzgeräten und anderen Klettermöglichkeiten so ausgelegt, dass Verletzungen verhindert/vermindert werden? (z. B. Rasen, Rindenmulch)
- [ ] Haben Spielgeräte einen Sicherheitsbereich von 2 m in Sprung- und Fallrichtung?
- [ ] Werden Gefahren im Spiel mit naturnahen Elementen zum Spielen, Bauen und Gestalten vermieden? (z. B. scharfe Kanten)
- [ ] Ist der Rohrdurchmesser für eine ausreichende Kriechröhre groß genug?
- [ ] Sind Schwingseile nicht in Kombination mit einer Schaukel innerhalb eines Schaukelgerüsts angebracht?
- [ ] Haben Treppen ab 1 m Höhe Handläufe?
- [ ] Sind Flächen zur Benutzung für Fahrzeuge ohne Absturzstellen, wie Treppen?

Bei Neuanschaffung von Spielplatzgeräten:

- [ ] Entsprechen die Spielplatzgeräte der DIN EN 1176?
- [ ] Tragen die Spielplatzgeräte das GS-Zeichen?
- [ ] Begleiten Sachkundige Planung und Bau eigener Geräte?
- [ ] Wird für barrierefreie Spielplatzgeräte DIN 33942 beachtet?

Spielplatzgeräte für Krippenkinder

- [ ] Sind die Spielplatzgeräte nach EN 1176 ohne deutsche A-Abweichung?
- [ ] Dürfen Krippenkinder nur unter erhöhter Aufsicht an Geräte mit deutscher A-Abweichung?
- [ ] Ist der Zugang zu Geräten mit deutscher A-Abweichung erschwert?

Das muss regelmäßig durch die Leitung oder Fachfirmen geprüft werden

- Außengelände visuell . . . . wöchentlich
- Außengelände operativ . . . . jedes Quartal
- Außengelände Hauptuntersuchung durch Fachfirma . . . . jährlich
- Wegesicherheit durch Fachfirma . . . . jedes Quartal
- Winterdienst durch Fachfirma . . . . bei Bedarf
- Dach- und Regenrinnen durch Fachfirma/Hausmeister*in . . . . . . jährlich oder aus aktuellem Anlass
- Bäume im Außengelände durch Fachfirma . . . . jährlich
- Hauptinspektion und Dokumentation Spielplatzgeräte . . . . jährlich
- Sichtkontrollen Spielplatzgeräte . . . . nach Bedarf
- Funktionskontrollen Spielplatzgeräte . . . . alle ein bis drei Monate
- elektrische Geräte durch Fachfirma . . . . halbjährlich

Hygiene in der Einrichtung

Allgemeines

- Kontakt mit Kot, Urin, Erbrochenem und Blut vermeiden; Einmalhandschuhe verwenden
- vor Lebensmittelumgang und nach jedem Toilettengang Hände gründlich mit Seife waschen
- Meldepflichtige Krankheiten meldet der feststellende Arzt bzw. die feststellende Ärztin an das Gesundheitsamt.

Handhygiene: Hände sind Hauptüberträger von krankheitserregenden oder lebensmittelverderbenden Mikroorganismen. Desinfizieren Sie sie richtig:

- Desinfektionsmittel in die hohle, trockene Hand geben, alle Einzelschritte 5-mal durchführen – die Hände bleiben während der Desinfektion feucht
- Handinnenflächen aufeinanderlegen und gegeneinander reiben, inkl. Handgelenk
- linke Handinnenfläche auf den rechten Handrücken legen und kreisend bewegen, mit der anderen Hand wiederholen
- Handinnenflächen aufeinanderlegen und gespreizte Finger verschränken, Hände öffnen und wieder verschränken
- Finger ineinander verhaken, Griff lockern und wieder verhaken
- mit der rechten Hand den linken Daumen umfassen und in der geschlossenen Handinnenfläche kreisend reiben und umgekehrt

Lebensmittelhygiene

- Anlieferung von Speisen nur in ordnungsgemäß gereinigten Behältern
- Transport nur in geschlossenen Behältern bzw. abgedeckt
- Warme Speisen sollen 65 Grad Celsius nicht unterschreiten, kalte Speisen 15 Grad Celsius nicht überschreiten, Stichproben nehmen und dokumentieren (DIN 10506 und DIN 10508)
- Personal mit Lebensmittelkontakt: Hände waschen und Hygienekleidung anlegen
- Direkter Kontakt der Hände mit den Lebensmitteln ist untersagt.
- für die Ausgabe nur saubere Portionierungsgerätschaften benutzen
- Die Ausgabe von Rohmilch ist unzulässig.
- Übrig gebliebene, zubereitete Speisen müssen am selben Tag entsorgt werden.
- benutztes Geschirr und Besteck im Geschirrspüler bzw. in einer Doppelspüle reinigen
- Abfälle in gut schließenden und gut zu reinigenden Behältnissen sammeln und mindestens einmal am Tag in einen Abfallsammelbehälter außerhalb der Einrichtung bringen

Das muss regelmäßig geprüft werden[4]

- Hygieneplan . . . . bei Inbetriebnahme
- Unterweisung Infektionsschutzgesetz, IfSG §§ 34, 35 alle zwei Jahre
- Meldung von in Infektionsschutzgesetz, IfSG § 34 Abs. 1 bis 3 genannten Krankheiten . . . . bei Auftreten in der Einrichtung
- Unterweisung Infektionsschutzgesetz, IfSG § 43 . . . . . . alle zwei Jahre, Erstbelehrung durch das Gesundheitsamt
- Unterweisung Hygieneplan . . . . jährlich
- Reinigungsplan . . . . jährlich/aus aktuellem Anlass
- Desinfektionsplan . . . . jährlich/aus aktuellem Anlass

[4] Vgl. Kita.de: Das Infektionsschutzgesetz in Kita und Kindergarten

Hygieneplan für die Einrichtung

Hygiene in Aufenthaltsräumen für Kinder

- **Luft**: mehrmals täglich Stoßlüften über mehrere Minuten
- **Kleiderablage**: Die Kleider verschiedener Kinder haben keinen Kontakt untereinander (gegen Läusebefall). Es gibt eine Schuhablage.
- **Bettwäsche**: Bettwäsche wird nur personengebunden verwendet und getrennt gelagert, um Übertragung von Läusen und Krankheitskeimen zu vermeiden.
- **Fußböden und Flächen**: Böden und Flächen sind täglich nass zu reinigen ohne zurückbleibende Pfützen (Rutschgefahr). Bei textilem Belag erfolgt eine monatliche Grundreinigung. Decken, Kissen und Stofftiere werden regelmäßig gewaschen.
- **Reinigungsmittel**: Putzmittel werden an einem abschließbaren Ort gelagert.

Schutz für das Personal

- Schutzhandschuhe, Schutzbrille, Gummistiefel, Gummischürzen, Hautschutz-/Pflegemittel stehen in den entsprechenden Räumlichkeiten zur Verfügung.

Hygiene im Sanitärbereich

- regelmäßiges Händewaschen
- Doppelhaken mit personengebundenem Motiv für Handtücher und Waschlappen im ausreichenden Abstand zueinander (in manchen Bundesländern cm-genaue Vorschrift)
- personengebundene Handtücher oder Papierhandtücher verwenden
- Gemeinschaftsseife und -handtücher sowie Gemeinschaftskämme sind nicht zulässig.
- Seifenspender mit Auffangschale sind zu verwenden.
- Windeleimer regelmäßig leeren, Eimer ohne Müllbeutel regelmäßig desinfizieren
- Einwegwickelunterlagen verwenden

Zahn- und Mundhygiene

- Im Sanitärbereich müssen Regale mit Halterungen für Zahnputzutensilien mit ausreichendem Abstand zueinander vorhanden und durch personengebundene Motive oder Fotos markiert sein.

Trinkwasserhygiene

- Legionellenprophylaxe: Warmwasserspeicher sind jährlich entsprechend der Trinkwasserverordnung auf Legionellen zu prüfen.
- Kalkablagerungen an Duschköpfen müssen regelmäßig entfernt werden.
- Vermeidung von Stagnationsproblemen: am Wochenanfang und nach Schließtagen das Wasser der Leitungen, die als Trinkwasser genutzt werden, fünf Minuten lang oder bis zum Erreichen der Temperaturkonstanz ablaufen lassen, um die Leitungen zu spülen

Behandlung kontaminierter Flächen

- mit Blut, Kot, Urin oder Erbrochenem verunreinigte Flächen unter Verwendung von Einmalhandschuhen mit einem mit Desinfektionsmittel getränkten Tuch reinigen
- die Fläche anschließend regelgerecht desinfizieren

Verbandskasten

- Gemäß § 25 Abs. 2 der Unfallverhütungsvorschrift muss Erste-Hilfe-Material in ausreichender Menge vorhanden sowie rechtzeitig ausgetauscht und ergänzt werden: großer Verbandskasten nach DIN 13 169 „Verbandskasten E" sowie kleiner Verbandskasten nach DIN 13 157 „Verbandskasten C"
- Der Verbandskasten muss zusätzlich mit einem alkoholischen Desinfektionsmittel zur Handdesinfektion in fest verschließbarem Behältnis ausgestattet sein. Regelmäßig das Mindesthaltbarkeitsdatum prüfen.

Küche

- Kochen und Hauswirtschaften mit den Kindern hat pädagogischen Wert und soll möglichst wenig behindert werden. Handdesinfektion ist für die Kinder deshalb nicht notwendig.
- Beim Umgang mit Lebensmitteln sind besondere Anforderungen an Hygiene einzuhalten. Das bezieht sich auf Personen, Räume und Einrichtungsgegenstände. Die Lebensmittelhygiene-Verordnung (LMHV) ist einzuhalten.
- Personen mit Infektionen oder infizierten Wunden dürfen in der Küche nicht beschäftigt sein.
- Straßen- und Arbeitskleidung wird getrennt aufbewahrt.
- Handdesinfektion mit geeignetem Präparat: bei Arbeitsbeginn, nach Pausen, nach Toilettenbesuchen, nach Schmutzarbeiten, nach Arbeiten mit kritischen Rohwaren (z. B. rohem Fleisch), nach Husten oder Niesen in die Hand, nach Taschentuchgebrauch
- Fußböden sind jeden Tag in täglich zu reinigender Schutzkleidung zu reinigen.
- Flächendesinfektion nach Arbeiten mit kritischen Rohwaren und nach Arbeitsende
- Lebensmittel müssen sachgerecht verschlossen gelagert werden und mit Anbruchs-/ Verarbeitungsdatum und Inhaltskennzeichnung versehen werden.
- Betriebseigene Kontrollen der Lebensmittel: Wareneingangskontrolle auf Verpackung und Schäden, tägliche Temperaturkontrolle in Kühleinrichtungen, Prüfung der Mindesthaltbarkeitsdaten, Rückstellproben in Absprache mit dem Lebensmittelüberwachungsamt, Betriebskontrollen schriftlich dokumentieren
- regelmäßig Prüfung auf tierische Schädlinge, ggf. Maßnahmen durch Fachfirma einleiten
- Lebensmittelabfälle in verschließbaren Behältern lagern und täglich leeren
- Küchenfenster mit Insektengittern versehen

Sonstiges

Bei Schimmelbefall (z. B. an Außenwänden, an Duschwänden und in Fugen) oder Emission von Raumluftschadstoffen (z. B. Lösungsmitteln) ist die Ursache fachgerecht zu ermitteln und zu beseitigen.

Kindeswohlgefährdung

Kindertagesstätten haben den Kindern gegenüber einen Schutzauftrag. Ihr **Vorgehen im Fall der Kindeswohlgefährdung** richtet sich nach den Vereinbarungen des Trägers mit dem Jugendamt. (vgl. § 8a Abs. 4 SGB VIII)

Kindeswohlgefährdung kann entstehen durch:

- das Verhalten der Eltern,
- Übergriffe der Kinder untereinander,
- Übergriffe der Beschäftigten in der Kindertageseinrichtung,
- Übergriffe von Fremden oder
- unzulässige Erziehungsmaßnahmen.

Was **Kindeswohl** konkret bedeutet und was im Detail als **Kindeswohlgefährdung** gilt, ist **gesetzlich nicht definiert**. Die **Feststellung einer Kindeswohlgefährdung** ist deshalb nicht einfach. Es gibt kein gesichertes System von Indikatoren. Es muss in jedem Einzelfall eine eigene Interpretation erfolgen. Dies kann durch einen Bewertungsprozess durch **insoweit erfahrene Fachkräfte** geschehen. Diese prüfen u. a. Anhaltspunkte beim Kind und im sozialen Bezugssystem für ihre Einschätzung.

Anhaltspunkte für Kindeswohlgefährdung:

- Vernachlässigung
- seelische Misshandlung
- körperliche Misshandlung

Kindeswohlgefährdung ist ein komplexes Thema, das hier nur kurz angerissen werden kann. Sollten Sie **gewichtige Anhaltspunkte für Kindeswohlgefährdung** wahrnehmen, ist **die Leitung der Einrichtung unbedingt hinzuzuziehen**.

Geeignete Kleidung für die Kita

- Beim Spielen und Toben muss Kleidung einiges aushalten. In der Kita sollte das Kind deshalb **nicht seine hochwertigste/neueste/schönste Kleidung tragen**.
- Das Kind sollte **wettergemäß** gekleidet sein oder die entsprechenden Kleidungsstücke in der Kita vorfinden, z. B. Regenjacke, Pullover.
- **Material:** Dünner Stoff ist unpraktisch, wenn getobt, geklettert und gerutscht wird. Besonders an den Knien und Ellenbogen ist er schnell durchgescheuert. Robuste, langlebige Stoffe, wie Jeans, sind empfehlenswert.
- **Tragekomfort:** Die Kleidungsstücke sollten für das Kind unbedingt bequem sein und es sollte sie selbst anziehen können, z. B. Hosen mit Gummizug.
- **Verschlüsse:** Jacke und Schuhe sollten einfach zu schließen und zu öffnen sein, wie durch Klettverschlüsse oder Druckknöpfe, damit Ihr Kind es selbst tun kann. Im Kita-Alltag haben die pädagogischen Fachkräfte keine Zeit, jedes Kind zu unterstützen.
- **Keine Kordeln, Bänder, Hosenträger und Gürtel:** Sie stellen ein Verletzungsrisiko dar. Ihr Kind kann damit hängen bleiben oder sich verheddern. Es besteht Strangulierungsgefahr. Verzichten Sie darauf!
- **Hausschuhe:** Hausschuhe sollten bequem sein, sicher am Fuß sitzen und eine rutschfeste Sohle haben.
- **Regenkleidung:** Kita-Kinder spielen auch draußen, wenn es regnet. Sorgen Sie für passende Regenkleidung (Jacke, Matschhose und Gummistiefel, ggf. gefüttert), die in der Kita bleibt.
- **Winterkleidung:** Auch im Winter wird draußen gespielt. Schneehose, eine dicke Jacke oder ein Schneeanzug und wasserfeste Stiefel dürfen in der Kita nicht fehlen. Handschuhe, Schal und Mütze gehören auch dazu.
- **Sommerausstattung:** In den heißen Sommermonaten spielen wir draußen mit Wasser, um uns abzukühlen. Hinterlegen Sie deshalb eine Badehose/einen Badeanzug, Badeschuhe, Sonnencreme und einen Sonnenhut in der Kita.
- **Turnbeutel:** Für den Turntag braucht Ihr Kind eine Hose, ein T-Shirt und Schuhe, Schläppchen oder ABS-Socken für die Turnhalle.
- **Wechselwäsche:** Hinterlegen Sie mindestens eine Garnitur Wechselwäsche (Unterwäsche, Socken, lange Hose, T-Shirt, Pullover oder Strickjacke) in einem mit Namen markierten Wechselwäschebeutel. Wickelkinder und Kinder, die noch nicht lange trocken sind, benötigen mehr zum Wechseln.

Kleidung beschriften

Etiketten zum Aufkleben oder Aufbügeln und wasserfeste Stoffstifte eignen sich gut, um die Kleidung, die das Kind trägt und die in der Kita hinterlegt ist, mit Namen zu kennzeichnen.

Für die Übergangszeit

Softshelljacken und Lagenlook sind besonders für die Übergangszeit geeignete Kleidung, weil sie sich leicht an die aktuellen Wetterverhältnisse anpassen lässt.

Lebensmittelrisiken

Obst und Gemüse – konventionell oder bio?

- **Konventionell erzeugtes Obst und Gemüse** beinhaltet Rückstände von **chemischen Pflanzenschutzmitteln**, wie Fungiziden, Herbiziden usw. Unabhängige Institute, wie die Europäische Behörde für Lebensmittelsicherheit, stufen diese als unbedenklich ein, wenn sie einen gesetzlich festgelegten Höchstwert nicht überschreiten.
- **Gründliches Waschen** und Abtrocknen minimiert die Pestizidrückstände. Entfernen der Schale bewirkt mindestens dasselbe, aber vermutlich gehen wertvolle Inhaltsstoffe dadurch verloren.
- Es ist **nicht erforscht**, was Pestizide **langfristig** im menschlichen Körper anrichten. Theorien besagen, dass Pestizide in die Struktur von Obst und Gemüse übergehen.
- Gurken, Kräuter, Auberginen und Tee beinhalten besonders viele Pestizidrückstände.
- Manche **konventionell erzeugten Obst- und Gemüseprodukte** sind inzwischen gentechnisch verändert. Ihr Verzehr erzeugt möglicherweise **unvorhersehbare Nebenwirkungen**.
- **Obst und Gemüse**, die das **Biosiegel** tragen, sind gesünder als konventionell erzeugte, da bei ihrer Erzeugung auf bestimmte Zusatzstoffe und chemische Behandlungen sowie Pestizide verzichtet wurde.
- **Bio-Obst und Gemüse** kommen höchstens mit kleinsten **gentechnisch veränderten Organismen** in Kontakt. Diese Verunreinigungen sind unvermeidbar.
- Bio-Obst und Gemüse ist stärker mit **Keimen** belastet als konventionelles. Es muss deshalb besonders gründlich gewaschen werden.
- Bio-Obst und Gemüse weist häufig deutlich mehr **Schimmelsporen** auf als konventionell erzeugtes.
- Bio-Lebensmittel sind **weniger lang haltbar** als konventionell erzeugte.

Salz

- Die meisten Kinder nehmen über die Nahrung deutlich **zu viel Salz** zu sich, was gesundheitliche Nachteile nach sich zieht.
- Zu viel Salz in der Nahrung führt zu **Bluthochdruck** und dadurch unter Umständen zu Herz-Kreislauf-Erkrankungen und Nierenproblemen.

Zucker

- Zucker ist nicht nur **schädlich** für die Zähne, sondern wirkt sich auch negativ auf das Körpergewicht aus.
- Zuckerersatzstoffe (Süßstoffe) sind **gesundheitsschädlich**.

Zusatzstoffe

- **Geschmacksverstärker**, wie Glutamat, sind bekannt als gesundheitsschädlich. Kopfschmerzen und Übelkeit wird mit ihnen in Verbindung gebracht. Sie sind als bedenklich einzustufen und man sollte auf Lebensmittel, denen sie zugesetzt sind, besser verzichten.

Lebensmittel (2/2)

- **Süßstoffe** sind ungesund und ihre Langzeitfolgen unerforscht. Es wird empfohlen, besser darauf zu verzichten.
- **Farbstoffe** haben Auswirkungen auf die Person, die sie verzehrt. Allergien, Übergewicht und negative Auswirkungen auf Aktivität und Aufmerksamkeit werden befürchtet. Kinder sollten deshalb keine verzehren.

Fleisch

- In der **konventionellen Tierhaltung** wird Futter mit Süßstoffen, Hormonen und Antibiotika gegeben. Diese lassen sich später auch im Fleisch nachweisen und nehmen Einfluss auf die Person, die es isst.
- **Vegetarische Ernährung** oder eine mit sehr wenig Fleisch ist gesünder als eine fleischreiche Kost. Allerdings ist auf einen ausreichenden **Eisengehalt** der Nahrung zu achten sowie auf die Versorgung mit Vitamin B12.

Fisch

- Einige Fischarten (Heilbutt, Thunfisch) sind mit **Schwermetallen**, wie Quecksilber, belastet, die gesundheitsschädliche Auswirkungen haben.
- Unbedenklich sind beispielsweise Hering, Seelachs, Lachs und Karpfen.

Getränke

- **Zuckerfreie Getränke** sollten aus (zahn-)gesundheitlichen Gründen immer das Getränk der Wahl sein.
- **Achtung!** Wenn **Leitungswasser** getrunken wird, sollte dieses immer getestet werden. Insbesondere in alten Gebäuden können nach wie vor Bleileitungen verlegt sein, die Blei an das Wasser abgeben.
- Aber auch moderne **Wasserleitungen aus Kupfer** sind nicht ungefährlich. Wenn diese zu viel Kupfer an das Wasser abgeben, kann bei Säuglingen und Kleinkindern im schlimmsten Fall eine Leberzirrhose entstehen.
- Leitungswasser kann zudem **Rückstände von Pharmazeutika** enthalten, die in der Kläranlage nicht rückstandslos entfernt werden konnten. Über die Folgen ist bislang noch nichts Genaues bekannt.

Verpackungen

- **Plastikverpackungen** können Schadstoffe an den Inhalt abgeben. Es ist deshalb empfehlenswert, lieber alternative Verpackungsvarianten, wie Glas, zu wählen.
- **Deckelisolierungen** von Glasgefäßen können auch Giftstoffe enthalten.
- **Recyclingpapier** ist nicht so harmlos, wie es scheint: Es können Rückstände von mineralölhaltiger Druckerfarbe enthalten sein. Als Lebensmittelverpackung ist es deshalb nicht unbedingt empfehlenswert.
- **Plastikflaschen** sollten als Gefäß für Trinkwasser vermieden werden. Nachgewiesenermaßen geben diese hormonell wirksame Stoffe an das Wasser ab. Glasflaschen sind deshalb immer zu bevorzugen.

Gesunde Ernährung

Die wichtigste Grundregel: Fertigprodukte enthalten zu viel Salz, Zucker und Fett.
Das tut Kindern (und auch Erwachsenen) nicht gut.

Selbst und frisch zubereiten

- Setzen Sie beim **Frühstück** auf **Vollkornbrot mit Käse und Gurke** oder auf frisch geschnittenes **Obst mit Naturjoghurt**, statt auf Schokoaufstrich, gesüßten Fruchtjoghurt oder Fertigmüsli und Co.
- Als **Snacks** eignen sich **Obstschnitze oder Gemüsesticks** besser als Fertigsnacks.
- Bereiten Sie das Essen regelmäßig selbst und frisch zu. Bevorzugen Sie **saisonales Gemüse** aus regionalem, **wenn möglich aus Bio-Anbau** sowie **hochwertiges Fleisch** (lieber seltener und dann von guter Qualität) und würzen Sie mit **Kräutern** und nur ganz **wenig Salz**.
- Obst und Gemüse sollte vor dem Verzehr **immer gründlich gewaschen** werden, um etwaige Pestizidrückstände bzw. Keime abzuwaschen.

Getränke

- Stellen Sie Ihrem Kind jederzeit **Wasser** und/oder **ungesüßten (Kräuter-)Tee** ohne Begrenzung zur Verfügung. Schorlen aus Mineralwasser und Saft sind ab und zu eine leckere Alternative.
- **Verzichten Sie auf Fruchtnektare** – ihnen ist Zucker zugesetzt. Auch Saft ist kein gesundes Getränk.
- **Kakao und Limonaden enthalten sehr viel Zucker**. Sie sollte Ihr Kind nur selten und dann begrenzt trinken.
- Gewöhnen Sie Ihrem Kind erst gar nicht an, ständig an der Flasche zu nuckeln. Geschieht dies beispielsweise mit süßem Tee, entsteht leicht die sogenannte **Nuckelflaschenkaries**, die sehr schmerzhaft und zerstörerisch für die Zähne ist.

Gefährlicher Zucker

Zucker schädigt die Zähne und zerstört die Darmflora. Er schwächt also das Immunsystem und ist für stille Entzündungen im Körper verantwortlich. Zucker begünstigt Diabetes Typ 2, Allergien und Übergewicht. Setzen Sie deshalb jede Form von Zucker (Haushaltszucker, Maltodextrin etc.) **nur in geringen Mengen** ein.

Gut geschützt gegen Sonne und Hitze

- Die Haut der Kinder durch großzügiges **Auftragen einer geeigneten Sonnenschutzcreme** zu schützen, ist Teil der **Aufsichtspflicht**. In manchen Einrichtungen verbietet die Leitung dies aus Sorge vor allergischen Reaktionen. Eine eigene, beschriftete Sonnencreme für jedes Kind kann Abhilfe schaffen.
- Die Sonnenschutzcreme sollte wasserfest sein, einen hohen Lichtschutzfaktor haben (LSF 50) sowie keine Duft- und Konservierungsstoffe enthalten.
- Sonnenschutzspray ist wegen der **Gefahr des Einatmens** nicht ratsam. Sonnencreme-Roller sind ein guter Tipp.
- **UV-Schutzkleidung** ist zusätzlich empfehlenswert, wenn mit Wasser gespielt wird.
- Die Kinder sollten **luftige und sonnenfeste Kleidung** tragen, die möglichst lang ist (lange Ärmel, lange Hosen).
- An sonnigen und warmen Tagen sollten alle Kinder, die im Außenbereich spielen, einen passenden **Sonnenhut mit Krempe bzw. mit Schirm und Nackenschutz** tragen.
- Bevorzugt sollten die Kinder im **Schatten** spielen.
- Bei warmem Wetter sollten Kinder unbedingt ausreichend trinken. Wasser und ungesüßter, kalter Tee empfehlen sich.
- Trotz Sonnenschutz sollten sich besonders Kinder **nicht in der Mittagssonne** draußen aufhalten.
- **Sonnensegel** über dem Sandkasten und/oder dem Spielbereich im Kita-Außengelände sind empfehlenswert.

Sonnenschutz

Liebe Erziehungsberechtigte,

die sonnig-warme Jahreszeit steht bevor und wir möchten Ihre **Kinder gegen die Sonne schützen**. Unterstützen Sie uns dabei:

- Ihr Kind braucht eine passende **Kopfbedeckung**, die auch Stirn und Nacken abschirmt, wie einen Sonnenhut oder eine Kappe.
- An heißen Sommertagen sollte Ihr Kind **luftige Kleidung** tragen, die möglichst wenig Sonne an die Haut lässt: langes Hemd, lange Hose und entsprechende Schuhe.
- Wir empfehlen, **Badekleidung mit UV-Schutz** in der Kita zu hinterlegen, falls im Außenbereich mit Wasser gespielt wird.
- Cremen Sie Ihr Kind an Sommertagen bereits morgens, bevor es in die Einrichtung kommt, gründlich mit **Sonnencreme mit hohem Lichtschutzfaktor (LSF 50)** ein. Wasserfeste Creme ohne Konservierungs- und Duftstoffe ist empfehlenswert. Achten Sie darauf, auch Stirn, Ohren, Nase, Lippen, Kinn, Schultern und Fußrücken sorgfältig einzucremen.
- Hinterlegen Sie in der Kita eine **mit Namen beschriftete Sonnencreme** für Ihr Kind, die es gut verträgt.

Viele Grüße
Ihr Kita-Team

Wasser und Feuer im pädagogischen Alltag

- Die Elemente Feuer, Wasser, Luft und Erde sind auch für Kita-Kinder **zur Erforschung naturwissenschaftlicher Zusammenhänge** gut geeignet.
- In der Einrichtung ist ein **Forscherbereich mit geeignetem Material**, der von den Kindern selbstständig genutzt werden kann, hilfreich.
- Versuche, die auf **Sinnes- und Wahrnehmungsförderung** abzielen, sind geeignet. Sie regen dazu an, selbst aktiv zu werden und Dinge auszuprobieren.
- Material, das aus **Küche oder Baumarkt** stammt und das die Kinder bereits kennen, bietet sich an und ist leicht zu beschaffen: Gläser, leere Plastikflaschen, Schüsseln, Wasser usw.
- Für Kinder sind die selbstständige **Durchführung**, die genaue **Beobachtung** und die **Beschreibung** der eigenen Experimente besonders wichtig. Das stärkt das Selbstwertgefühl.

Sicherheitsregeln und Schutzmaßnahmen sind unverzichtbar:

- Alle Experimente müssen durch eine erwachsene Person **beaufsichtigt** werden.
- Materialien dürfen **nicht in den Mund** genommen werden.
- Kerzen und Streichhölzer dürfen auch von erfahrenen Kindern **nur in Anwesenheit Erwachsener** angezündet werden.
- **Vorsicht** im Umgang mit heißen Flüssigkeiten.
- Wird mit Feuer experimentiert, müssen **Löschmöglichkeiten**, wie eine Decke, ein Eimer Wasser oder Sand oder ein Feuerlöscher, unbedingt griffbereit sein.
- Aufgrund von **Gefahr durch Umkippen** dürfen keine hohen Kerzen oder instabilen Kerzenständer benutzt werden.
- Kerzen müssen auf **nicht brennbaren oder feuerfesten Unterlagen** stehen.
- **Brennbare und leicht brennbare Materialien** sind vor Experimenten mit Feuer außer Reichweite zu bringen. Lange Haare sind mit Haarspangen oder -gummis zu sichern.
- Besondere Vorsicht gilt bei anwesenden **Kindern unter drei Jahren**.
- Bei **Experimenten mit Wasser** in Becken, Eimern oder anderen großen Gefäßen besteht immer Gefahr durch Ertrinken. Kinder haben einen höheren **Körperschwerpunkt** als Erwachsene. Es besteht die Gefahr, dass sie vornüber in Gefäße kippen.
- Kleinkinder bis zu einem Alter von etwa 15 Monaten können bereits in **Wassertiefen von 10 cm** ertrinken, wenn sie mit dem Gesicht hineinfallen.
- Wasserpfützen auf dem Boden müssen schnellstmöglich weggewischt werden. Es besteht **Rutschgefahr**.

Material und Werkzeug im pädagogischen Alltag

Material

- Für die Kinder sind klare **Strukturen und Übersichtlichkeit** wichtig. Das betrifft auch die Aufbewahrung von Materialien, die zum Basteln, Werken und Konstruieren benutzt werden.
- Das Material sollte **leicht zu sortieren** und **aufzuräumen** sein. Dafür eignen sich am besten transparente Kisten oder alternativ Schachteln, auf denen ein Foto des enthaltenen Materials geklebt ist.
- Konstruktionsmaterial sollte besser **nach Farben statt Größe** sortiert werden.
- Materialien sollten in **erreichbarer Höhe** der Kinder aufbewahrt werden.
- **Feste Plätze** zum Aufbewahren von Materialien und Geräte, die nach Themen geordnet sind, sind sinnvoll.
- **Verschluckbare Kleinteile** sollten unbedingt so aufbewahrt werden, dass sie sich außerhalb der Reichweite von Kindern unter drei Jahren befinden.

Werkzeug

- Die Arbeit mit **echtem Werkzeug in kindgerechter Größe** stärkt das Selbstbewusstsein von Kindern.
- Die Kinder sollten die Möglichkeit haben, **ungestört und konzentriert** an einem geeigneten, übersichtlichen Arbeitsplatz zu arbeiten. So fällt es ihnen leichter, **Sicherheitsregeln** einzuhalten.
- Die Kinder sollten bei der Arbeit mit Werkzeugen **immer beaufsichtigt** werden.
- Es liegt im Ermessen der pädagogischen Fachkraft, **welches Werkzeug** abhängig von Entwicklungs- und aktuellem Gemütszustand für ein Kind geeignet ist.
- Eine **Unterstützung durch Erwachsene** ist beim Erlernen handwerklicher Fähigkeiten wichtig. Ebenso wichtig ist das freie Spielen, Ausprobieren und Selbstentdecken.
- Werkzeug sollte sicher an einer Werkbank und unbedingt **außerhalb der Reichweite von U3-Kindern** aufbewahrt werden.
- Werkzeuge sollten regelmäßig auf Funktionalität **überprüft und gewartet** werden.
- **Sicherheitsregeln**:
  - ▶ **Stumpfe Werkzeuge** bewirken deutlich schlimmere Verletzungen als scharfe.
  - ▶ **Instabile Werkzeuge** sind gefährlich.
  - ▶ Beim Sägen, Bohren und Schleifen brauchen die Kinder eine **Einspannhilfe**, wie etwa Schraubzwingen.

Brandverhütung in der Kita

Richtiges Verhalten im Brandfall ist wichtig. Noch wichtiger ist jedoch die Prävention. Wirkungsvolle Verhaltensweisen und Vorsorgemöglichkeiten verhüten Brände.

Brandprävention in der Einrichtung

- Offenes Feuer sollte möglichst **vermieden** werden.
- Falls offenes Feuer unvermeidbar ist, sollte es **niemals unbeaufsichtigt** bleiben.
- **Echte Kerzen** sollten nur auf einer **nicht brennbaren Unterlage** und **mit ausreichend Abstand** zu brennbaren Materialien aufgestellt werden.
- Offenes Feuer sollte, wenn überhaupt, **nur im Stuhlkreis, unter Aufsicht und im pädagogisch notwendigen Rahmen** eingesetzt werden.
- Bei Umgang mit offenem Feuer sollte immer ein **geeignetes Löschmittel**, etwa ein Feuerlöscher, griffbereit sein.
- Elektrische Geräte (Wasserkocher, Kaffeemaschine, Lampen etc.) sollten **regelmäßig überprüft** und ggf. ausgetauscht werden.
- Elektrische Geräte **sollten nach Gebrauch abgeschaltet und nicht auf brennbaren Unterlagen abgestellt werden**.
- **Leicht brennbare Materialien**, wie Kunstwerke der Kinder oder Deko-Materialien, sollten in möglichst geringer Zahl in der Kita gelagert werden. Dies sind Brandlasten. Falls möglich, sollten schwer entflammbare Materialien verwendet werden.
- **Leicht entzündliche Stoffe** sollten nicht in der Nähe von oder auf Heizkörpern abgestellt werden.
- bei **Leuchten, die sich erwärmen**, auf ausreichenden Abstand zu brennbaren Gegenständen achten
- **Rauchverbote** beachten
- mit dem Träger, der Feuerwehr und dem*der Hausmeister*in mindestens alle zwei Jahre eine **Brandschau** in der Einrichtung organisieren

Schulung der Kinder

- Kinder sollten frühzeitig mit **Brandschutzerziehung** in Kontakt kommen.
- Die Kinder sollten über **Brandursachen** und die **Gefahren von offenem Feuer** und Zündmaterial, wie Streichhölzern, informiert sein.
- Kinder sollten **Feueralarm** als solchen erkennen und weder weiterspielen noch sich verstecken, sondern sich im Gruppenraum sammeln, um mit den pädagogischen Fachkräften gemeinsam und ruhig zum Sammelplatz zu gehen.

Flucht- und Rettungswege

- sich mit den Rettungswegen vertraut machen
- die Kennzeichnungen für die Rettungswege beachten
- Fluchttüren und Notausgänge sollten nie abgeschlossen und immer von innen zu öffnen sein.
- Flucht- und Rettungswege sowie Notausgänge immer freihalten
- Brandschutztüren niemals feststellen
- im Notfall vereinbarte Sammelstelle aufsuchen

Feuerlöscher

- sich mit den Standorten der Feuerlöscher vertraut machen
- Weg zu Feuerlöscheinrichtungen immer freihalten
- sich mit der Handhabung der Feuerlöscheinrichtungen vertraut machen
- Informationen über effektive Brandbekämpfung sammeln
- benutzte Feuerlöscher neu befüllen lassen
- Feuerlöscheinrichtungen deutlich kennzeichnen

Infos

- Laut DIN 14096 muss es eine Brandschutzordnung für die Einrichtung geben.
- Zusammen mit einem Fluchtwegeplan müssen gemäß DIN 14096 Verhaltensregeln im Brandfall aushängen.

Das muss regelmäßig geprüft werden:

- Aushang von Flucht- und Rettungsplänen .... jährlich, Fachfirma
- Brandmeldeanlagen .... alle zwei Jahre, Fachfirma
- Feuerlöscher und Feuerlöschanlagen .... jährlich, Fachfirma
- Rauchabzugsanlage .... jährlich, Fachfirma
- Fluchtwegbeschilderung und -beleuchtung .... jährlich, Fachfirma
- Evakuierungsübung der Einrichtung.................... jährlich, Fachfirma
- Brandschutzschulung des Teams .... jährlich, Feuerwehr

Verhalten im Brandfall

Reihenfolge unbedingt einhalten:

1. 112 wählen und Brand melden:

- [ ] Wer ruft an?
- [ ] Wo ist es passiert?
- [ ] Was ist passiert?
- [ ] Wer ist betroffen?
- [ ] Wie viele Verletzte? (falls schon bekannt)
- [ ] Welche Verletzungen?

2. In Sicherheit bringen:

- [ ] gefährdete Personen warnen
- [ ] Hilfsbedürftigen helfen
- [ ] gekennzeichnete Fluchtwege benutzen
- [ ] keine Aufzüge benutzen
- [ ] Anweisungen von Rettungskräften und Brandschutzhelfer*innen befolgen

3. Löschversuche:

- [ ] Fenster und Türen schließen
- [ ] Feuer von vorn und unten in Windrichtung angreifen
- [ ] mehrere Löscher gleichzeitig einsetzen statt nacheinander

4. Erste Hilfe leisten:

- [ ] Verletzten bis zum Eintreffen der Rettungskräfte Erste Hilfe leisten

Der*die Brandschutzbeauftragte in der Kindertageseinrichtung

Unterweisende*r:

Name: .... **Vorname:** ....

Funktion: ....

Arbeitsplatz/Tätigkeitsort: ....

Straße/Ort: ....

.... wird ab dem ....

zum*zur Brandschutzbeauftragten für die Einrichtung .... bestellt.

Zu dieser Tätigkeit gehören Aufgaben:

- zentrale Ansprechperson für alle Belange des Brandschutzes in der Einrichtung
- einrichtungsweite Koordinierung der Aktivitäten im Brandschutz
- fachlich zuständige Ansprechperson für die Brandschutzdienststelle
- Beratung bei Planung, Beschaffung und Änderung baulicher Anlagen und Verfahrensprozesse
- Hilfe und Unterstützung im Brandfall
- Ersatzmaßnahmen bei Ausfall oder Außerbetriebsetzen von Brandschutzeinrichtungen

Überwachung und Kontrolle

- Einhaltung von Brandschutzvorschriften und behördlichen Auflagen
- Risikoanalyse und Begehung sowie Mitteilung festgestellter Mängel an die Leitung
- ggf. Kontrolle brandschutztechnischer Einrichtungen und Anlagen

Information

- Hinweis auf mögliche Risiken von Anlagen und Einrichtungen
- Maßnahmen und Techniken zur Gefahrenabwehr
- Brandschutzordnung
- Flucht- und Rettungspläne, wie Räumungs-, Alarmierungs- und Feuerwehrpläne
- Durchführung/Unterstützung bei Brandschutzinformation und Unterweisung Beschäftigter
- Koordinator*in und Ansprechperson für Brandschutzhelfer*innen

Brandschutzbeauftragter (2/2)

Stellungnahmen

- Investitionsentscheidungen, die die Belange des Brandschutzes berühren
- Auswertung von Schadensursachen und technischen Mängeln

Bericht

- regelmäßiger Bericht an die Einrichtungsleitung über getroffene/beabsichtigte Maßnahmen
- Meldungen aus aktuellem Anlass

Befugnisse

- Weisungsbefugnis bei unmittelbar drohender Gefahr im Alarm- und Löschwesen der Einrichtung
- Vorschlagsrecht für Investitionen im Brandschutz
- Mitentscheidungsrecht über die Art der durchzuführenden Brandschutzmaßnahmen
- Weisungsrecht zur Wiederherstellung des vereinbarten Brandschutzstandards

Im Rahmen dieser Tätigkeit

untersteht er*sie direkt ....(Amtsbezeichnung/Name) und

berichtet direkt an ....(Amtsbezeichnung/Name)

Für die Durchführung der o. g. Tätigkeiten werden ihm*ihr .... Entlastungsstunden gewährt.

Jede Änderung dieser Beauftragung bedarf der Zustimmung der Unterzeichnenden.

....

Ort, Datum

....

Einrichtungsleitung Beauftragte*r

Ausflüge und Sozialraumerkundung

Ausflüge

- Die Erziehungsberechtigten werden vorab z. B. mit Aushang und/oder Brief **über den Ausflug informiert**: Termin und geplante Dauer, Art der An- und Abreise, Ziel, Dinge, die das Kind mitbringen soll, etwa Rucksack mit Getränk, Snack und Wechselkleidung.
- Die Erzieher*innen informieren sich über **etwaige Erkrankungen** der Kinder, wie Diabetes oder Allergien, und werden vom behandelnden Arzt bzw. der behandelnden Ärztin und/ oder geschulten Fachkräften (z. B. bei Diabetes) genau über die Handhabung von Notfallmedikamenten/Notfallsets informiert.
- Die Eltern müssen eine **Einverständniserklärung** für den Ausflug unterzeichnen.
- Alle **wichtigen Telefonnummern** der Personensorgeberechtigten liegen vor und werden mitgenommen. Mindestens ein Handy ist auf dem Ausflug dabei.
- Der Ausflug wird **beim Träger** mit allen nötigen Informationen angemeldet.
- Die Erzieher*innen nehmen ein **Erste-Hilfe-Set** mit.
- Kann, soll oder will ein **Gruppenkind** nicht mit auf den Ausflug gehen, wird es in einer anderen Gruppe untergebracht.
- Bei **Ausflügen mit Privat-Pkw von Eltern** ist das **schriftliche Einverständnis der Eltern der mitfahrenden Kinder** notwendig sowie ein geeigneter Kindersitz für jedes Kind. Die Erzieher*innen weisen vor Abfahrt darauf hin, dass alle Kinder ordnungsgemäß angeschnallt sein müssen, und vergewissern sich durch einen kurzen Blick in die Autos.

Sozialraumerkundung

- Die Erzieher*innen sprechen mit den Kindern vorab über das **Verhalten im Straßenverkehr**.
- Im **öffentlichen Straßenverkehr** ist vor allem auf **Aufsicht, Sichtbarkeit und Verhalten** zu achten:
  - Es sollten mindestens drei Begleitpersonen mit der Gruppe unterwegs sein.
  - Kinder sind mit Westen aus retroreflektierendem Material besser sichtbar.
  - Die Strecke sollte nicht zu lang sein, damit die Kinder konzentriert und aufmerksam bleiben.
- Die Erzieher*innen sollten ebenfalls **Sicherheitswesten** tragen, um für die Kinder gut sichtbar zu sein.
- Idealerweise tragen die Kinder der Übersichtlichkeit halber **einheitliche, reflektierende Kleidung oder Kappen**.
- **Klare Verhaltensregeln** sind wichtig:
  - vor Einfahrten warten und gut schauen, ob ein Auto kommt, dann erst gemeinsam gehen
  - am Zebrastreifen abwarten, bis alle Autos stehen, und dann gemeinsam die Straße überqueren
  - an roten Ampeln zählen, bis es Grün wird, so bleibt die Konzentration erhalten
  - Bei der Nutzung von öffentlichen Verkehrsmitteln gilt: alle bleiben zusammen, keine*r drängelt oder rennt, beim Einsteigen wird durchgezählt, Berufsverkehr vermeiden

Vorbereitung und Durchführung eines Ausflugs

Vorbereitung

- [ ] Ausflugsplanung: Sind Termin, Dauer, Ziel, Begleitpersonen festgelegt?
- [ ] Sind die Erziehungsberechtigten schriftlich über den Ausflug informiert (Termin, Dauer, Ziel, Mitzubringendes), per Aushang und/oder Elternbrief?
- [ ] Sind ggf. schriftliche Einverständniserklärungen von den Erziehungsberechtigten für den Ausflug/die Mitnahme im privaten Pkw eingeholt?
- [ ] Ist der Ausflug beim Träger angemeldet?
- [ ] Wurde mit den Kindern über Verhalten im Straßenverkehr gesprochen?

Am Tag des Ausflugs

- [ ] Wurde die Wettervorhersage geprüft und ggf. darauf entsprechend reagiert?
- [ ] Wurden ggf. Verbindungen mit öffentlichen Verkehrsmitteln im Internet auf Aktualität überprüft?
- [ ] Ist Notwendiges eingepackt? – Wegbeschreibung, Erste-Hilfe-Set, Handy und wichtige Telefonnummern, Notfallmedikament/Notfallset (falls benötigt)
- [ ] Tragen die Kinder einheitliche reflektierende Kleidung oder Kappen?
- [ ] Falls benötigt: Sind passende Kindersitze in ausreichender Zahl vor Ort?
- [ ] Sind den Kindern Verhaltensregeln im Straßenverkehr bewusst?
- [ ] Liegt eine Liste mit allen teilnehmenden Kindern vor und wird deren Anwesenheit regelmäßig geprüft (Aufsichtspflicht)?

Mitnahme im Pkw

Schriftliches Einverständnis zur Mitnahme

Liebe Erziehungsberechtigte,

für unseren **Ausflug** nach/zu ....

am .... fahren wir mit **Privat-Pkw** einiger Eltern und/oder Erzieher*innen.

Dafür benötigen wir von Ihnen das unterzeichnete **Einverständnis zur Mitnahme** unten an diesem Brief.
Bitte geben Sie es **vor** dem Ausflug bei Ihrer Gruppenleitung ab.

Wichtig: Geben Sie Ihrem Kind unbedingt am Ausflugstag einen **geeigneten Kindersitz** mit.

Einverständniserklärung

Hiermit erkläre ich mich damit einverstanden, dass mein Kind: ....

geb. am: ....

bei dem*der fremden Erziehungsberechtigten/der pädagogischen Fachkraft:

....

im privaten Pkw zu einem Ausflug der Kindertagesstätte mitfahren darf.

....

Ort, Datum   Unterschrift Erziehungsberechtigte*r

Haftungsbeschränkung

Name, Vorname des Kindes ....

....

Straße, PLZ, Ort

- fährt im Kraftfahrzeug mit dem amtlichen Kennzeichen .... auf eigene Gefahr mit und verzichtet – außer bei Vorsatz oder grober Fahrlässigkeit gegenüber Fahrer*in und Halter*in – auf Ersatz etwaiger Unfallschäden, soweit diese nicht durch irgendeine Versicherungsleistung auszugleichen sind.
- Bei Erhebung einer Nebenklage verzichtet der*die Mitfahrer*in gegenüber Fahrer*in und Halter*in auf die Erstattung von Nebenklagekosten, soweit diese nicht durch eine Rechtschutzversicherung zu übernehmen sind.

....

Ort, Datum   Unterschrift Erziehungsberechtigte*r

Quellen

- **DGUV Regel 102-602** (10.10.2023)
  https://repos.rms2cdn.de/files/kita/102-602.pdf
  (zuletzt abgerufen am 10.01.2024)
- **Deutsche Gesetzliche Unfallversicherung: Kinder in der Tageseinrichtung und Tagespflege**
  https://www.dguv.de/de/versicherung/versicherte_personen/kinder/kita_kinder
  (zuletzt abgerufen am 10.01.2024)
- Abel, M./Barthel, K. (2003)
  Das Kita-Handbuch: Mehr Sicherheit – Unfallprävention in Kindertagesstätten
  https://www.kindergartenpaedagogik.de/fachartikel/kita-leitung-organisatorisches-teamarbeit/gesundheit-hygiene-unfallpraevention/1008
  (zuletzt abgerufen am 10.01.2024)
- **Kita.de: Das Infektionsschutzgesetz in Kita und Kindergarten**
  https://www.dguv.de/de/bg-uk-lv/unfallkassen/index.jsp
  (zuletzt abgerufen am 10.01.2024)

Notizen

To-dos